La Collection du CHU Sainte-Justine
pour les parents

Mieux vivre l'école...

en 7 savoirs et quelques astuces

Marie-Claude Béliveau

Éditions du
CHU Sainte-Justine

Catalogage avant publication de Bibliothèque et Archives Canada

Béliveau, Marie-Claude, 1961-
Mieux vivre l'école… en 7 savoirs et quelques astuces
(La Collection du CHU Sainte-Justine pour les parents)
Comprend des réf. bibliogr.
ISBN 978-2-89619-256-4

1. Aptitude à la scolarité. 2. Succès scolaire. 3. Apprentissage, Troubles de l'.
I. Titre. II. Collection: Collection du CHU Sainte-Justine pour les parents.

LB1132.B44 2011 372.21 C2011-940494-X

Illustration de la couverture : Marion Arbona
Conception graphique : Nicole Tétreault

Diffusion-Distribution au Québec : Prologue inc.
en France : CEDIF (diffusion)/Daudin (distribution)
en Belgique et au Luxembourg : SDL Caravelle
en Suisse : Servidis S.A.

Éditions du CHU Sainte-Justine
3175, chemin de la Côte-Sainte-Catherine
Montréal (Québec) H3T 1C5
Téléphone : (514) 345-4671
Télécopieur : (514) 345-4991
www.editions-chu-sainte-justine.org

ISBN 978-2-89619-256-4 (imprimé)
ISBN 978-2-89619-438-4 (pdf)

Dépôt légal : Bibliothèque et Archives nationales du Québec, 2011
Bibliothèque et Archives Canada, 2011

Membre de l'Association nationale des éditeurs de livres

REMERCIEMENTS

Ce livre, qui se situe dans la foulée des ouvrages que j'ai publiés précédemment, est inspiré de milliers d'histoires d'enfants que j'ai rencontrés jour après jour depuis plus de 25 ans. Ce sont eux et leurs parents que je tiens à remercier en premier lieu, parce qu'ils m'ont aidée à comprendre à quel point leur problématique est multifactorielle et pourquoi, dans ce contexte, il n'est jamais simple de répondre à la question « comment les aider ». À postériori, ce qu'ils m'auront appris de mieux, c'est qu'il faut prendre le temps d'écouter, de comprendre, de proposer, de réviser ses positions, de se questionner et d'agir, malgré les questions qui persistent.

Merci également à Luc Bégin, éditeur, pour avoir lancé ce projet et m'avoir accordé une fois de plus sa confiance et son inestimable soutien. Merci aussi à tous les membres de l'équipe des Éditions du CHU Sainte-Justine pour leur professionnalisme et le plaisir avec lequel ils travaillent… une ambiance plus qu'inspirante ! Enfin, mes remerciements à Karine Busilacchi, précieuse collègue et amie, pour ses conseils, son aide et ses commentaires si pertinents. Un dernier merci à mes trois enfants et à ceux qui ont partagé avec moi quelques astuces tirées de leur propre histoire scolaire.

Table des matières

Avant-propos

Cet ouvrage a été conçu à partir de nombreux écrits que j'ai déjà publiés sous forme d'articles ou de livres. Sans en reprendre le contenu en détail, je vous propose aujourd'hui de revoir plusieurs de ces idées dans une perspective plus large afin de jeter un éclairage nouveau sur l'école. Dans ce contexte, le lecteur ne devra pas s'étonner de voir certaines notions traitées de façon plus générale que ce qu'il a pu lire antérieurement. J'ai voulu prendre un certain recul et présenter dans un même livre les facteurs qui, en plus de la question des apprentissages à proprement parler, contribuent à faire de la vie de l'écolier une période plus ou moins riche en terme de préparation à la vie d'adulte.

L'objectif étant de présenter une vision plus large du « mieux vivre l'école », j'invite le lecteur qui désire approfondir ces 7 savoirs, et en particulier le *Savoir apprendre*, le *Savoir étudier* et le *Savoir s'organiser*, à se référer aux ouvrages suivants publiés aux Éditions du CHU Sainte-Justine :

› *Au retour de l'école… La place des parents dans l'apprentissage scolaire*

› *J'ai mal à l'école – Troubles affectifs et difficultés scolaires*

› *Dyslexie et autres maux d'école – Quand et comment intervenir*

INTRODUCTION

Mieux vivre l'école... Est-ce possible quand, depuis le début, tout est si compliqué pour Nicolas, Sandrine ou Mathieu ? Il y a de nombreuses raisons qui rendent la vie scolaire éprouvante pour certains enfants. Plusieurs d'entre eux ne savent pas entrer en relation avec leurs pairs tandis que d'autres vivent trop de tensions à la maison pour profiter des richesses du milieu scolaire. De plus, nombreux sont ceux qui ne maîtrisent pas suffisamment le langage pour bien s'intégrer à l'école et y faire les apprentissages auxquels on tente de les initier. D'autres présentent des difficultés particulières sur les plans physique, socioaffectif ou psychiatrique, ce qui limite de façon générale l'acquisition de plusieurs habiletés et connaissances dans un milieu scolaire qui offre un enseignement traditionnel. Chez plusieurs enfants qui, pour toutes sortes de raisons, ont pris l'école en aversion, il suffit parfois d'une enseignante bien particulière, d'une « perle rare » en quelque sorte, pour que l'école prenne une tout autre perspective. Dans d'autres cas, c'est justement le départ inattendu d'une telle enseignante qui fait basculer la vie scolaire de celui qui, grâce à elle, réussissait relativement bien « malgré tout », c'est-à-dire malgré ses grandes difficultés.

Depuis le petit tracas sans conséquence grave jusqu'aux troubles d'apprentissage ou de comportement sévères, c'est toute la gamme des soucis, des préoccupations ou des simples questionnements qui est responsable des ombres sur la toile où, d'année en année, se dessine l'histoire scolaire des enfants. Pour traverser le mieux possible cette période, qui s'ajoute aux années préscolaires au cours desquelles on a posé les fondations, les écoliers ont besoin d'un coffre à outils qui soit le mieux garni possible, ainsi que d'un environnement scolaire qui réponde à leurs besoins. Chacun est unique et le seul fait d'évoluer dans des conditions très différentes sur les plans familial, économique et socioculturel accentue les différences qu'on observe entre les enfants quant à leurs forces et difficultés, et donc quant à la qualité de leur « coffre à outils », c'est-à-dire des moyens dont ils disposent pour affronter leur environnement et répondre aux attentes qu'on a envers eux.

Le coffre à outils de l'écolier, aussi minimal et déficitaire soit-il parfois, doit contenir un certain nombre d'habiletés dont nous rappellerons l'importance en les exposant sous la forme de **savoirs** à acquérir pour mieux vivre l'école. Comme tout apprentissage, celui de ces savoirs est influencé par l'équipement de base que possède l'enfant et par les conditions environnementales dans lesquelles il évolue.

Dans le présent ouvrage, nous vous proposons de détailler le contenu de ce coffre à outils dont l'enfant doit disposer pour que sa vie scolaire le mène vers une vie d'adulte satisfaisante, voire réussie, au cours de laquelle il pourra s'épanouir à la mesure de ses ambitions et de ses capacités. Parmi les sept savoirs que nous aborderons, nous discuterons d'abord de l'importance de ***savoir s'adapter*** à différents milieux pour s'intégrer et acquérir des attitudes favorables aux apprentissages. Tout au long de son parcours scolaire, l'enfant fait face à de multiples situations où il doit s'adapter aux changements, aux stress inhérents à la vie scolaire et même à l'adversité. Puis, l'enfant doit ***savoir rêver et renoncer quand***

il le faut pour pouvoir apprendre en se projetant dans un avenir imaginé et auquel il aspire, mais qu'il devra peut-être modifier tout au long de sa vie, en fonction de la réalité. De plus, pour bien vivre en groupe avec pairs et adultes, il est indispensable qu'il sache ***s'intégrer*** en apprenant à ***respecter*** les autres, les règlements et l'environnement dans lequel il évolue. ***Savoir s'intégrer*** est fondamental pour être en mesure de ***partager*** et de ***coopérer*** avec les autres. De plus, à l'extérieur comme à la maison, il faut ***savoir apprendre, étudier*** et ***s'organiser*** pour que l'école soit réellement un lieu d'apprentissage et d'intégration des connaissances. Apprendre, c'est réfléchir, analyser, prendre du recul pour mieux voir, prendre des décisions éclairées, étudier, s'organiser, choisir, renoncer, etc. Or, ***savoir réussir pour mieux vivre l'école*** suppose que l'on a intégré tous ces savoirs.

Pour compléter cette présentation, le lecteur trouvera à la fin de chacune des six premières sections une liste de comportements susceptibles d'indiquer la présence de difficultés. Les comportements mentionnés peuvent avoir d'autres explications que celles qui sont proposées ici. Toutefois, on peut penser que plus on relève de symptômes par rapport à un savoir, plus il est important de chercher des moyens d'aider l'enfant à acquérir des habiletés dans ce domaine.

À notre avis, la réussite scolaire dépasse largement l'obtention d'une note de passage! **Réussir à l'école, c'est emmagasiner des connaissances et des habiletés qui seront utiles la vie durant.**

En plus de tout cela, quelques trucs et astuces sont toujours utiles… autant de clins d'œil que feront les plus expérimentés à ceux qui se démènent et cherchent encore…

Savoir s'adapter...

S'adapter à un nouveau milieu auquel on est invité à s'intégrer, c'est se conformer à ses règles, s'y habituer et s'accoutumer aux façons de faire qui le régissent. Tout parent qui conduit son enfant à l'école pour une première fois souhaite qu'il sache s'adapter à son nouveau milieu. Bien souvent, il a déjà une petite idée d'où en est son jeune sur ce plan parce qu'il l'a vu s'adapter ou tenter de le faire dans d'autres milieux, avant l'école. En effet, chez les grands-parents, chez des amis, à la garderie et même au parc, les enfants comme les adultes doivent constamment s'adapter à de nouvelles situations, à de nouveaux milieux et à de nouvelles personnes.

Au premier jour de la rentrée scolaire, les parents sont confiants ou inquiets, selon les expériences plus ou moins favorables que l'enfant a déjà à son actif. Quoi qu'il en soit, les parents doivent savoir que s'adapter, ça s'apprend ! Même si l'enfant arrive moins solide sur ce plan, il continuera à développer cette habileté au fil des expériences qu'il vivra, expériences dans lesquelles il aura parfois besoin d'être accompagné. L'enfant qui a de bonnes capacités d'adaptation aura plus de facilité à s'intégrer et, de ce fait, il sera davantage en mesure d'acquérir des attitudes favorables aux apprentissages, dont la confiance, la détermination et la persévérance. Savoir s'adapter, c'est savoir « faire avec » les hauts et les bas d'un milieu qui a son fonctionnement propre, son système de règles, ses valeurs et des attentes plus ou moins différentes de celles que l'on connaît déjà. C'est donc entrer dans ce nouveau monde avec un minimum de confiance pour « demeurer soi » tout en cherchant à répondre aux attentes extérieures.

Savoir s'adapter à différentes situations n'est possible que si l'on possède un minimum de sécurité intérieure. Pour y arriver, il faut croire qu'on peut changer ses façons de faire et répondre aux attentes extérieures sans perdre son identité propre. Dans les pages qui suivent, nous illustrerons certaines situations qui exigent que l'enfant mette en œuvre ses habiletés d'adaptation, des situations où il doit s'adapter au changement, aux différents stress suscités par le milieu scolaire et à certaines circonstances plus difficiles, bref des situations où il doit faire face à l'adversité. À l'aube de la rentrée scolaire, le premier pas que les enfants et leurs parents doivent faire — et ce n'est pas le moindre — c'est de s'adapter à ce nouveau milieu qu'est l'école. Le passage de la maison à l'école, qui se fait tout à fait spontanément pour certains, s'avère très exigeant pour d'autres.

› SAVOIR S'ADAPTER... AU CHANGEMENT

Entrer à l'école, c'est d'abord accepter de sortir de chez soi

Pour les parents, la meilleure façon d'entrevoir la rentrée de l'enfant à l'école primaire, c'est sans contredit de faire confiance. L'année qui s'amorce apportera ses joies et ses peines qui, somme toute, contribueront largement au développement de l'enfant dans toutes ses facettes. Voilà ce qui compte d'abord.

Comme toute expérience, cette première année à l'école primaire porte en elle-même de nouvelles occasions d'apprendre et de se construire. En ce sens, apprendre à l'école dépasse largement l'acquisition de connaissances. L'enfant y apprend aussi à vivre avec les autres, à prendre sa place, à affirmer son point de vue, à découvrir et à tolérer les différences, à accepter les règles et à s'y conformer. Il devra s'adapter à un nouveau milieu, à de nouvelles personnes, à de nouvelles façons de faire. Pour les parents aussi, l'entrée à l'école est exigeante sur le plan de leur capacité d'adaptation, surtout quand c'est le premier enfant de la famille qui fait ce pas vers l'extérieur de la maison. Il est parfois difficile pour les parents de faire confiance à la fois à un milieu qu'ils ne connaissent pas et aux capacités d'adaptation de leur enfant, afin de le laisser ouvrir ses ailes sur le chemin des écoliers. Ce sont là les prémices du déploiement des forces de l'enfant.

Apprendre, c'est grandir, dans la mesure où les parents accompagnent l'écolier tout en gardant une juste distance. L'école, comme les devoirs et les leçons, c'est l'affaire de l'enfant ! Bien sûr, les parents doivent superviser, accompagner, encourager, mais d'abord et avant tout, ils doivent viser l'autonomie de leur enfant, qui n'en sera que plus fier lorsqu'il constatera et montrera ce qu'il aura réussi à faire tout SEUL.

Les compétences déjà acquises par l'enfant lui seront d'autant plus utiles à l'école qu'il devra parvenir à les utiliser sans aide. Le meilleur service à lui rendre est donc de le soutenir dans ses efforts pour s'adapter et pour répondre aux demandes qui lui sont faites et auxquelles, en principe, il est capable de donner suite. Dans cette perspective, les parents ont un rôle déterminant à jouer en occupant la juste place qui leur revient, soit ni trop près ni trop loin.

Par ailleurs, au moment d'organiser des activités parascolaires — autre belle occasion d'aider l'enfant à s'adapter à différents milieux —, les parents ont intérêt à penser à long terme. Le moment venu, il leur faudra respecter les engagements pris au début de l'année, en revenant de vacances, quand toute la famille est pleine d'énergie. À la fin de l'hiver, quand les piles commencent à se décharger, il devient d'autant plus important de partager du temps de qualité avec son enfant, ce qui revient à investir dans de bonnes relations familiales. Pourquoi ne pas réserver les activités parascolaires pour la fin de semaine plutôt que de courir chaque soir après l'école ? Les enfants aussi s'essoufflent. **Savoir s'adapter, c'est aussi savoir vivre en respectant ses limites.**

Voici quelques moyens pour soutenir les efforts d'adaptation de l'enfant à l'école et pour aider les parents à mieux vivre son passage de la maison à l'école.

- Être à l'écoute, mais faire confiance à l'école, à l'enseignant ainsi qu'à l'enfant et à ses ressources.

- Tenter d'établir un climat de collaboration le plus sain possible avec l'école.
- Accompagner l'enfant tout en conservant une juste distance, soit ni trop près ni trop loin.
- Éviter que la période des devoirs devienne un champ de bataille.
- Donner à l'enfant des responsabilités.
- Établir des règles et des limites claires et cohérentes.
- Instaurer des routines stables et régulières.
- Valoriser les efforts et les initiatives de l'enfant.
- Ne pas surcharger l'horaire de l'enfant afin d'éviter l'essoufflement en cours d'année.
- Se garder du temps pour être bien avec l'enfant, tout simplement, sans courir.

Astuce

Faites de l'entrée scolaire une fête à venir en comptant sur un calendrier les jours précédant le « grand jour ». Le décompte des 10 derniers jours aidera l'enfant à anticiper le jour officiel de l'entrée à l'école et, pour celui qui contient mal sa hâte, à attendre.

Le changement d'enseignant

Au nombre des situations où il faut s'adapter au changement, il y a celle qui se produit lors du départ de l'enseignant en cours d'année. Nous avons tous des souvenirs plus ou moins clairs de notre passage à l'école. Les enseignants qui nous ont marqués font souvent partie intégrante de nos nombreuses images du passé. Il n'est pas rare que l'on attribue nos réussites ou nos échecs à certains de ces enseignants, qui tantôt ont attisé notre désir d'apprendre et de nous surpasser ou qui, au contraire, ont éteint en nous un élan ou nous ont même parfois dégoûtés de l'école.

La relation qui s'établit entre l'enseignant et l'élève est souvent déterminante pour la réussite scolaire et, surtout, pour l'engagement de l'enfant à l'école. C'est vrai pour tous au début de l'école, et cela le demeure souvent durant tout le parcours scolaire pour ceux qui éprouvent des difficultés à apprendre ou à s'adapter à l'école.

L'enfant qui entre à l'école laisse peu à peu derrière lui ses « années magiques » durant lesquelles c'était principalement de ses parents qu'il recevait soins et affection. En accompagnant l'enfant vers sa vie scolaire, les parents acceptent de remettre un peu de leur autorité à ceux qui s'occuperont d'une partie importante de son éducation. Ce faisant, ils lui permettent de s'attacher à ces personnes qui feront désormais partie de son entourage immédiat.

Plus l'enfant a de la facilité à évoluer dans ce milieu, moins il a besoin de l'enseignant pour le guider. En revanche, l'enfant qui n'est pas sûr de lui ou qui éprouve certaines difficultés à apprendre ou à se lier avec les autres a besoin d'un plus grand soutien pour intégrer la nouveauté, s'adapter et apprendre. Les enfants sont donc très souvent dépendants de leur enseignant pendant les premières années d'école, certains ayant plus de mal que d'autres à acquérir l'autonomie nécessaire à la vie scolaire. L'engagement de l'enfant à l'école est généralement lié au fait que l'autorité parentale a bien été transférée à l'enseignant, cette nouvelle personne qui va devenir un pôle de référence très important.

On connaît le lien qui relie l'affectivité et les capacités d'apprentissage. C'est pourquoi le départ d'un professeur en cours d'année est si souvent vécu comme une grande perte pour l'enfant, particulièrement s'il est plus « vulnérable », c'est-à-dire s'il vit des difficultés d'apprentissage ou d'adaptation. Durant ce qui constitue parfois un véritable deuil, qui doit être vécu étape par étape, l'enfant a besoin qu'on prenne au sérieux ses sentiments.

Dans un premier temps, la motivation pour l'école découle du lien entre l'enfant et son enseignant. En général, le jeune écolier veut apprendre à lire, à écrire et à compter, mais dépend beaucoup de son enseignant pour le faire. Plus il grandit, plus sa motivation lui permet de devenir autonome. Il est guidé par son enseignant tout en étant capable d'initiative, de créativité et d'autonomie, ce qui lui permet souvent de dépasser les exigences, d'établir ses propres liens entre ce qu'il apprend et ce qu'il connaît déjà, et de développer des stratégies d'apprentissage de plus en plus efficaces.

Pour d'autres, en revanche, l'absence de plaisir dans l'apprentissage empêche ce type de motivation intrinsèque, véritable moteur de l'apprentissage. La motivation demeure alors extrinsèque, c'est-à-dire que pour apprendre, les enfants demeurent dépendants des circonstances extérieures, ce que l'on observe souvent chez les plus jeunes ou chez ceux qui vivent des difficultés scolaires. Dans ces situations, le départ d'un enseignant qui a su créer une relation stimulante pour l'apprentissage revêt souvent un caractère plus dramatique. En effet, au-delà du départ de la personne, c'est souvent tout le monde scolaire qui se fragilise ou qui s'écroule en même temps que leur confiance et leurs raisons d'apprendre. À cause de leurs besoins particuliers et de leurs capacités d'adaptation parfois limitées, ce changement a souvent un effet plus marqué pour eux que pour d'autres enfants.

Par ailleurs, si l'un de ces enfants n'a pas vu s'établir cette relation pédagogique essentielle, il peut se sentir soulagé, autant que ses parents bien souvent, par le départ de l'enseignant. Le changement est alors porteur d'espoir : le nouvel enseignant parviendra peut-être à établir une relation qui redonnera à l'enfant le goût de fréquenter l'école.

En 5e année du primaire, Mylène s'est retrouvée dans la classe de... madame Frigon, la prof dont personne ne veut, car elle est très sévère, elle donne beaucoup de devoirs et ne fait pas de sorties avec sa classe. Peu de temps après, Mylène apprend toutefois que l'enseignante redoutée va prendre sa retraite sous peu. Bien qu'elle soit soulagée dans l'immédiat, cela a pour effet de reporter à plus tard son véritable début d'année, tout comme les autres élèves de la classe qui n'arrivent pas à s'attacher à une enseignante qui a déjà un pied dans la porte. Pour Mylène, qui se débrouille bien toute seule et qui n'accorde pas trop d'importance à la personnalité de l'enseignante, la situation n'est pas tellement dommageable. Elle n'a aucune difficulté d'apprentissage, elle est motivée à apprendre et elle est poussée par sa propre curiosité. Par contre, celles et ceux qui ont besoin d'une relation privilégiée avec l'enseignante pour apprendre trouvent difficiles ces deux premiers mois. Ils n'ont pas l'occasion d'établir une relation solide avec celle qui n'est responsable de la classe que de façon temporaire, surtout qu'ils connaissent sa réputation.

Du côté des parents, il faut aussi savoir s'adapter

Comme leur enfant, les parents sont souvent inquiets à l'annonce du départ d'un enseignant en cours d'année, et ce, particulièrement quand leur enfant vit des difficultés scolaires. Généralement, ils ont travaillé très fort pour accepter de faire confiance et de déléguer au professeur une partie de leur autorité. Ils se demandent maintenant si le nouvel enseignant sera capable de faire aussi bien avec leur enfant que l'ancien. Cette anxiété rejaillit sur l'enfant, qui finit par se poser les mêmes questions.

Plus l'alliance parents-enfant-enseignant est solide, plus la perte de l'enseignant soulève de craintes. Les parents redoutent alors de voir réduit à néant tout ce qui avait été mis en place pour améliorer la qualité de la vie scolaire. La situation est la même quand ils voient partir un spécialiste (orthopédagogue, orthophoniste, psychoéducateur, etc.) qui est intervenu fréquemment auprès d'un enfant et qui doit confier ses dossiers à quelqu'un d'autre. L'enfant et ses parents peuvent s'inquiéter à l'idée de la disparition de ces pôles de référence et ils auront d'autant plus de mal à accepter le nouvel arrivant.

Pour minimiser les effets du départ d'un enseignant ou de l'un des intervenants en milieu scolaire, il est important, quand c'est possible, de bien le planifier. La plupart des enseignants prennent soin de préparer leur départ. Il est également crucial que les parents aident l'enfant pour que le passage d'un enseignant à l'autre se fasse dans les meilleures conditions possible.

Le départ d'un enseignant pendant l'année peut être un véritable traumatisme pour certains enfants, même quand ils n'ont pas de difficultés scolaires. Ils le vivent parfois aussi intensément qu'une grande peine d'amour. En fait, tout départ réveille des sentiments plus ou moins vifs qui rappellent, consciemment ou inconsciemment, des pertes ou des séparations antérieures.

Chez Charles, 7 ans, le départ de son enseignant de 2e année suscite une profonde détresse. Pour ses proches, ses réactions semblent tout à fait exagérées, ce départ ayant été bien préparé, et ce depuis plusieurs mois. Les parents sont consternés de voir la peine du petit garçon qui venait de traverser sans véritable réaction la séparation de ses parents et qui s'était adapté sans problèmes à une garde partagée survenue subitement. Ses parents se sentent impuissants et désemparés devant ces réactions qui leur semblent incompréhensibles : larmes, cauchemars, perte de vivacité, brusque désintérêt pour l'école... En fait, pour Charles, cette nouvelle perte réactive d'un coup tous les sentiments qu'il n'avait pas su reconnaître ni osé exprimer au moment de la séparation de ses parents. Elle lui permet de laisser sortir toutes les larmes qu'il avait contenues jusque-là pour éviter d'inquiéter ses parents, déjà aux prises avec une grande culpabilité.

Il ne faut donc pas sous-estimer les réactions des enfants qui partagent année après année de grands pans de vie avec leurs enseignants, ainsi qu'avec différents intervenants, que ce soit les spécialistes mentionnés plus haut ou l'une des personnes qui les côtoient au jour le jour, éducateurs du service de garde ou surveillants.

S'adapter, c'est continuer à grandir malgré les circonstances

Tout changement exige de la part de l'enfant des capacités d'adaptation plus ou moins grandes selon la situation. Le départ d'un être cher soulève de vives émotions qui peuvent avoir des conséquences sérieuses sur sa vie scolaire. Cela est particulièrement vrai chez les enfants qui ont des difficultés scolaires et dont la motivation dépend de leur enseignant. L'entourage doit alors prendre au sérieux les peines qui s'expriment de mille et une façons. Cela dit, ces situations donnent aussi aux enfants l'occasion d'apprendre à faire face aux départs sans perdre leurs moyens. Durant le cours de leur vie, ils auront plus d'une fois à vivre de telles séparations.

Souvent, parents et enfants s'attendent à retrouver chez le nouvel enseignant tout ce qu'ils ont aimé chez le précédent, ce qui engendre nécessairement des déceptions. Toutefois, il faut prendre le temps de vivre ce « deuil » en reconnaissant les émotions qui s'y rattachent et les bons aspects de la relation. Cela aide l'enfant à constater qu'il est possible de garder en lui, sous forme de souvenirs, toutes les bonnes choses qu'il a reçues.

Il ne faut donc jamais prendre à la légère le départ d'une personne aussi importante qu'un enseignant dans la vie d'un enfant. Lorsque les parents ont reconnu et accepté les émotions de leur enfant, ils peuvent l'accompagner dans cette étape qui se vit de façon plus ou moins dramatique pour l'instant.

Pour aider l'enfant à vivre le départ de l'enseignant

- Préparer l'enfant le mieux possible au départ en lui parlant de cette situation et en l'invitant à le faire.
- Noter la date du départ sur un calendrier pour que l'enfant voie le nombre de jours qu'il lui reste à partager avec l'enseignant et qu'il se prépare avec ce dernier à l'échéance du départ.
- Être attentif aux réactions de l'enfant tout au long de ce processus de deuil, tout en veillant à ne pas dramatiser ni minimiser la situation.
- Encourager l'enfant à dire au revoir à l'enseignant qui s'en va (oralement, par écrit, au moyen d'un dessin ou d'une autre façon), avant son départ réel, même si cela lui semble difficile.
- Nommer les émotions qu'on croit reconnaître chez l'enfant au cours de cette période.
- Encourager l'enfant à garder un petit « morceau » de l'enseignant : une photo ou un dessin fait par l'enfant et qui rappelle ses meilleurs moments avec lui.
- Faire une fois de plus confiance à la capacité d'adaptation de l'enfant ainsi qu'au personnel de l'école et aux spécialistes qui interviennent directement auprès de lui.
- Laisser la chance au coureur en accueillant le nouvel enseignant et en lui accordant d'emblée votre confiance. Si le nouvel arrivant a besoin de connaître les besoins particuliers de l'enfant, laissez-le passer quelques jours en classe avant de demander à le rencontrer.

› Savoir s'adapter... au stress

Une transition parfois difficile et source de stress

L'enfant qui arrive dans un nouveau milieu ou qui doit s'adapter à une nouvelle enseignante risque de vivre un peu de stress, ce qui est normal. Tout changement dans la vie d'un individu crée cet état de stress qui mobilise généralement les ressources de cette personne pour lui permettre de s'adapter et de faciliter le déploiement d'attitudes favorables aux apprentissages malgré l'anxiété générée par la situation de nouveauté. L'enfant qui a du mal à s'adapter à l'école ou à tout autre milieu vit inévitablement un stress qui peut aller jusqu'à la détresse quand il anticipe d'avoir à quitter la maison pour ce milieu qu'il perçoit comme étant hostile. Ce stress est parfois tellement important que l'enfant aura besoin d'aide pour parvenir à s'adapter.

Autant un certain stress amène le jeune à puiser en lui des ressources adaptatives pour affronter la situation, autant un surcroît de stress paralyse l'accès à ces ressources et ne permet plus au jeune de s'adapter. Lorsque le stress devient trop grand et qu'il engendre de la détresse chez l'enfant, on observe un effet contreproductif qu'on appelle l'« effet en U ». L'état d'anxiété ainsi généré limite alors largement l'utilisation des capacités d'adaptation de l'enfant. Pour l'aider à vivre ce type de situation, il faut absolument trouver des solutions qui atténuent son stress et le rendent productif.

De multiples facteurs peuvent être à l'origine du stress qui, par ailleurs, est ressenti à des degrés divers chez chacun. Toutefois, ses effets sont constants : difficultés de concentration, malaises physiques et baisse du rendement scolaire, d'où une aggravation du stress... Ainsi, Ludovic a des sueurs froides en pensant à l'attitude autoritaire de son enseignant et aux exigences de ses parents quant aux résultats scolaires. Pour Noémie, c'est le contrôle du vendredi matin qui lui cause souvent un mal de ventre. Même si elle a étudié pendant deux heures la veille et que ses devoirs sont à jour, elle sait qu'elle oubliera tout le lendemain lorsqu'elle se retrouvera devant sa feuille d'examen. À la maison, elle sait ses leçons, mais à l'école, quand vient le temps de répondre, elle oublie tout. Quant à Marianne, une petite de maternelle, elle craint qu'il arrive quelque chose à ses parents pendant qu'elle est à l'école.

Du premier au dernier de classe : le stress de performance

Le stress de performance ne survient pas seulement chez ceux qui vivent des difficultés d'apprentissage. Les premiers de classe, qui doivent travailler fort pour le demeurer, finissent souvent par vivre beaucoup de stress à l'école. En effet, le fait de conserver ce rang pendant un certain temps rend souvent intolérable l'idée de devenir second. Cela est encore plus vrai lorsque les élèves n'ont pas d'autres endroits que la classe pour se valoriser, se sentir à la hauteur.

On considère que le stress est un moteur de réussite lorsqu'il est supportable et qu'il nous aide à relever un défi. Par contre, un excès de stress nous empêche d'avoir accès à notre plein potentiel parce qu'il engendre des difficultés de concentration. Or, l'enfant anxieux est distrait. Une petite voix intérieure le met constamment en garde : « Il ne faut pas que j'oublie, il faut que je réussisse, il ne faut pas que je me trompe, concentre-toi, tu vas y arriver... ». Ainsi, tout au long d'un examen, l'enfant se répète ces messages, ce qui le pousse à faire des erreurs d'inattention. Il arrive aussi qu'il vérifie plusieurs fois ses réponses et qu'il finisse par manquer de temps pour terminer. Il en résulte un état qui est parfois proche de la panique et dont il se souviendra au test suivant, ce qui créera un stress encore plus élevé. Après avoir réussi un examen moins bien qu'à l'habitude, un premier de classe voit parfois chuter ses résultats de façon spectaculaire.

On observe les mêmes réactions chez l'enfant qui éprouve des difficultés d'apprentissage. Il étudie durant des heures, souvent plus que les autres, pour obtenir en fin de course des résultats médiocres, voire nuls. En voyant les nombreuses erreurs qui jalonnent les copies de l'enfant, l'enseignant alerte les parents, qui répètent alors à leur enfant de mieux se concentrer au moment des examens. Croyant qu'ils ont raison, l'enfant se répète aussi cette phrase tout au long du test : « Concentre-toi, concentre-toi ». En fait, il se concentre plus sur cette phrase que sur ce qu'il doit faire. Le problème, c'est que si on lui a maintes fois demandé de mieux se concentrer, on ne lui a pas enseigné la manière de le faire.

Antoine de La Garanderie, pédagogue et philosophe, a mis au point ce qu'il appelle la « gestion mentale », une approche destinée à montrer aux enfants comment être attentifs ou comment utiliser les bons mécanismes mentaux dans une situation d'apprentissage. Selon lui, l'attention est un geste volontaire. Pour assimiler correctement ce qu'il perçoit par ses sens, l'enfant doit choisir de « mettre dans sa tête » ce qu'il a vu, senti ou entendu, et de faire ensuite exister ces objets même lorsqu'ils sont absents, c'est-à-dire en s'en faisant une représentation mentale. Pour aider l'enfant, on peut lui dire : « Regarde pour revoir dans ta tête », « Écoute pour réentendre dans ta tête ». On l'invite ainsi à se représenter l'information mentalement, à se forger les évocations qui l'aideront à intégrer les connaissances. À cette étape, on commet souvent l'erreur de ne pas laisser assez de temps à l'enfant. Or, il est indispensable qu'il fasse ce travail mental lui-même, avec ses propres mots et ses propres images. Plutôt que de donner la réponse à sa place, un peu par réflexe, il faut attendre et amener l'enfant à regarder ou à entendre « dans sa tête » pour lui laisser le plus d'autonomie possible. Il faut éviter de lui demander de nous regarder quand il réfléchit s'il ne le fait pas spontanément. Celui qui réfléchit avec un regard qui se déplace d'un endroit à l'autre, qui se parle à voix haute ou qui griffonne sur du papier ou dans l'espace, réfléchit « pour vrai ».

De nombreux enfants qui commencent à éprouver des troubles d'apprentissage ou d'attention sont d'abord qualifiés de paresseux ou d'inattentifs, ce qui signifie souvent « non intéressés ». Or, on ne leur propose aucun moyen pour remédier au problème, pour les aider à faire autrement et mieux réussir. Le stress créé par cette situation ne fait qu'aggraver les choses et a des effets négatifs sur l'ensemble de leurs capacités d'attention et de concentration.

Il n'est pas rare qu'on observe ces problèmes chez des enfants qui consultent un spécialiste pour un déficit de concentration ou des troubles d'apprentissage. Bien souvent, on constate que ces enfants ont de très bonnes capacités d'attention et de concentration dans toutes les épreuves cognitives qui ne font pas intervenir de notions scolaires, ce qui permet d'éliminer l'hypothèse d'un déficit d'attention d'étiologie organique. Par contre, ils ont véritablement des difficultés à rester attentifs à la tâche dès qu'ils sont placés dans des situations qui s'apparentent à des activités scolaires. Chez certains enfants, la respiration se fait tout à coup saccadée lorsqu'ils lisent un texte. Leur visage et leur cou se couvrent parfois de plaques rouges, causées par la nervosité que cette tâche provoque en eux.

Les résultats de ce type d'évaluation permettent souvent de confirmer la présence d'un problème d'attention, lequel limite les habiletés de mémorisation. Toutefois, pour résoudre ce type de problème, il ne suffit pas de prescrire un médicament psychostimulant, comme le Ritalin®. C'est sur un tout autre plan qu'il faut agir pour briser le cercle vicieux stress-échec-stress. Le fait d'enseigner à ces jeunes des stratégies d'étude efficaces peut leur donner du pouvoir sur leurs apprentissages et, conséquemment, une plus grande confiance en eux. Cependant, le stress de performance a des racines qui sont parfois bien loin de sa réalité objective.

Savoir s'adapter, c'est aussi gagner de l'autonomie

Martin est un élève assez compétent à l'école et plutôt autonome dans la vie de tous les jours. Ses parents ont fait le choix de ne pas l'inscrire à des activités parascolaires pour qu'il puisse consacrer plus de temps à ses travaux scolaires. Bien qu'il ait 9 ans, sa mère reste à côté de lui tout au long de la période des devoirs et son père lui fait étudier ses leçons après le repas du soir. Le jeudi soir, il semble fin prêt pour le contrôle du lendemain. Il a bien écrit tous ses mots de vocabulaire et il connaît bien ses tables de multiplication. Pourtant, le lendemain, il échoue au test. Que s'est-il passé ?

Les notions qu'il savait la veille semblent être restées à la maison. Martin a l'habitude de penser « à deux ». Il a besoin de quelqu'un à ses côtés pour lui dire quoi faire, quand le faire et comment le faire. Lorsqu'il arrive en classe, il est seul parmi les autres et il ne comprend pas les consignes parce que personne n'est là pour les lui expliquer ni pour le rassurer. Il ne sait pas faire revenir dans sa tête les mots étudiés la veille. Il n'ose pas demander à l'enseignante de ralentir le rythme de la dictée. Il n'a pas appris à demander, puisque, à la maison, on sait ce dont il a besoin avant même qu'il le demande. Toutefois, l'enseignante ne devine pas qu'il a manqué quelques mots ; il se met donc à écrire au son, sans réfléchir à sa leçon de la veille, pour être certain de finir en même temps que les autres. Réviser ? Il n'est pas assez autonome pour le faire. On a toujours corrigé ses erreurs à sa place plutôt que de lui suggérer de se relire et de vérifier... lui-même.

Le manque d'autonomie autour des apprentissages scolaires, une trop grande présence pendant le temps des devoirs à la maison et cette dépendance envers l'adulte qui organise, planifie, révise et corrige sont autant de facteurs qui empêchent l'enfant d'acquérir le sentiment de compétence nécessaire à la réussite scolaire. Il panique facilement devant un test parce qu'il se sent incapable de penser et de réussir seul. Par ailleurs, plus la famille consacre de temps et d'efforts à son travail scolaire à la maison, plus l'enjeu est important, voire stressant. Les parents bienveillants seront alors doublement déçus du résultat médiocre de l'enfant, et celui-ci le sait très bien.

Ce que cet enfant rapporte à la maison, c'est en fait « leur » note... Les parents mesurent parfois la valeur de leur compétence parentale à l'aide qu'ils apportent aux devoirs de l'enfant. Dans ce contexte, ils considèrent son échec comme le leur. L'enfant voudrait rapporter de bons résultats à ses parents, mais il ne parvient qu'au fiasco causé par le stress de devoir penser seul lorsqu'il se retrouve en examen.

Des moyens pratiques pour atténuer le stress de performance

Le stress ou l'anxiété de performance est assez courant chez les enfants à différents moments de la vie scolaire. Ce problème est complexe parce que les causes sont variées. L'important, c'est de chercher des moyens concrets pour faire baisser l'anxiété au moment des évaluations et d'aider l'enfant à mesurer sa propre valeur, parfois autrement que dans la réussite scolaire. Dans ce cas, chacune des parties (enfant, parents, enseignant) peut tenter de voir quelle est sa contribution au problème et s'ajuster s'il y a lieu. Il existe différents moyens pour diminuer ce type de stress :

- Encourager le plus possible l'enfant à s'organiser, à étudier et à réfléchir seul ;
- Enseigner à l'enfant des stratégies différentes de celles qu'il utilise habituellement et insister davantage sur sa responsabilité pour ses travaux scolaires. Ces mesures sont souvent plus efficaces que de longues heures d'acharnement. En reprenant un certain pouvoir sur ses habiletés d'apprentissage, l'enfant reprendra confiance en lui-même et vivra moins de stress par rapport à l'école ;
- Valoriser ses démarches, ses initiatives et ses efforts au même titre que ses résultats scolaires ;
- Donner l'occasion à l'enfant d'avoir des activités variées pour qu'il se sente compétent dans d'autres domaines que le travail scolaire ;

- Lui donner des responsabilités diverses pour qu'il prenne conscience de ses compétences;
- Quand l'enfant anxieux a un petit frère ou une petite sœur qui risque à certains moments de le dépasser, l'aider à reconnaître les forces et les faiblesses de chacun;
- Ne pas laisser l'enfant consacrer plus de temps aux devoirs et aux leçons que le temps estimé par le professeur. S'il manque de temps au terme de cette période, ne pas obliger l'enfant à travailler plus longtemps parce que ce serait inutile et cela risquerait de le braquer encore plus contre sa scolarité;
- Lorsque l'enfant étudie, l'encourager à être actif mentalement, c'est-à-dire à revoir et à se redire dans sa tête ce qu'il a vu et entendu de la part du professeur et dans ses livres. Par exemple, pour les mots de vocabulaire, il faut l'inciter à se rappeler les moyens que devrait avoir donnés l'enseignant pour les étudier, puis tenter différentes façons de faire afin de trouver celle qui lui convient le mieux;
- Éviter de mettre l'accent en priorité sur les résultats scolaires de l'enfant. Lui proposer des activités pour lesquelles il aura à utiliser ses habiletés cognitives ou ses connaissances en dehors des activités scolaires. Il pourrait par exemple exercer ses habiletés en apprenant par cœur un numéro de téléphone dont il a fréquemment besoin, en participant à l'écriture des listes d'épicerie, en faisant des jeux de société qui sollicitent l'utilisation d'habiletés et de connaissances nouvellement acquises à l'école, etc.;
- Certaines techniques de relaxation peuvent aussi aider l'enfant qui vit beaucoup de stress au moment des évaluations;

- Si le problème du stress n'est pas causé par des facteurs strictement scolaires, en discuter avec les personnes qui ont la charge de l'enfant à l'école pour tenter de trouver des solutions. S'il est difficile de cerner les raisons qui semblent inquiéter l'enfant lorsqu'il est à l'école, lui demander de les dessiner. Il ne s'agit pas ici d'interpréter ce qu'il dessine, mais de lui offrir un autre moyen d'exprimer ce qu'il vit ;
- Tenter d'imaginer avec l'enfant le plus de solutions possible, des plus sérieuses aux plus farfelues. Il pourra ensuite choisir laquelle il voudrait essayer le lendemain. L'humour permet souvent de dédramatiser des situations qui paraissent inextricables ;
- Éviter de laisser le problème s'éterniser. Si l'enfant n'arrive pas à gérer son stress ou si l'on ne parvient pas à maîtriser ou à supprimer les facteurs qui l'engendrent, il ne fera que s'aggraver ;
- Enfin, ne pas hésiter à consulter un spécialiste au besoin.

S'adapter à l'inconnu en situation de stress : les examens d'admission

Autre situation susceptible de générer du stress à l'école : les examens d'admission ! Le choix de l'école secondaire est toujours stressant pour les parents et leurs enfants, surtout lorsqu'il faut passer un examen d'admission. Il y a plusieurs façons de se préparer à cette éventualité. Tout d'abord, il faut prendre le temps de discuter avec l'enfant des solutions de rechange qui s'offriront à lui en cas de refus : il doit savoir qu'il ne joue pas son avenir. Pour ce faire, le parent doit lui-même envisager cette possibilité s'il veut la faire valoir à son enfant et le rassurer.

Les parents doivent avoir une solution de rechange à proposer à l'enfant s'il n'est pas choisi au terme des examens d'admission. Dans le secteur public, il existe des programmes axés sur certains champs d'intérêt, comme la musique ou le sport. Ces programmes sont fort intéressants parce qu'ils ont l'avantage de créer de petites familles d'élèves autour de champs d'intérêt qu'ils partagent. Le seul fait d'avoir plus d'une option quant au choix de l'école fait baisser le stress au moment de l'examen d'admission. Si votre enfant rate l'examen, d'autres avenues restent possibles et sont aussi intéressantes, même si elles ne sont pas son premier choix ni le vôtre.

Une des difficultés qu'affrontent souvent les jeunes lors des examens d'admission dans les écoles privées, c'est de bien comprendre les consignes. En effet, celles-ci sont parfois formulées différemment de ce qu'ils ont l'habitude de voir ou d'entendre. Vous pourriez aider votre enfant en lui faisant repasser non seulement des examens donnés au cours de l'année, mais aussi ceux d'une école différente, l'important étant qu'ils soient de même niveau. Il peut aussi être utile de lui procurer quelques cahiers d'apprentissage afin qu'il s'exerce à lire et à comprendre les consignes formulées de différentes façons.

Par ailleurs, vous pouvez aussi aider votre enfant en l'inscrivant à des cours préparatoires pour qu'il prenne de l'assurance, car le stress engendré par les examens peut effectivement limiter son rendement. Il existe des services de préparation aux examens des écoles publiques ou privées. Ils sont généralement dispensés par des enseignants ou des orthopédagogues qui se spécialisent dans ce type d'aide. Ils permettent de faire une bonne révision, de récupérer certains retards et de consolider les acquis. Au bout du compte, ce travail redonnera confiance à votre enfant, qui en aura bien besoin au moment des examens.

Une autre façon de favoriser la réussite à l'examen d'admission est de l'inscrire à la même épreuve, mais dans une ou deux autres écoles où il ne souhaite pas nécessairement aller. Ces premières expériences lui serviront de tests préparatoires. Cela lui permettra de voir comment il réagit à cette situation de stress et de l'apprivoiser un peu avant de devoir y faire face pour atteindre ses objectifs.

Si le choix d'une école est déjà fait au moment où l'enfant commence sa 5e année, il faut lui expliquer qu'à partir de ce jour, ses résultats seront pris en compte pour toute demande d'admission dans un établissement privé ou dans un programme de concentration du secteur public ; cela pourra le motiver tout au long de l'année.

Astuce

Inscrire l'enfant à un ou deux examens d'admission dans des écoles où il ne veut pas aller et dont les dates précèdent celui de l'école convoitée. L'expérience d'un examen d'entrée qui a lieu avant celui auquel il voudra réussir sera une bonne pratique et l'aidera à faire baisser le stress au moment opportun.

› Savoir s'adapter... à l'adversité

Faire face aux situations difficiles

Personne n'échappe à l'adversité. Dès sa naissance, le bébé doit vivre des expériences qui ne sont pas d'un confort absolu. Cela est vrai même quand « l'univers tourne autour de lui ». Certaines situations sont inconfortables, d'autres sont carrément désagréables, voire douloureuses. L'enfant doit y faire face, il n'a pas le choix. L'entrée à la garderie puis à l'école amène son lot d'expériences de ce genre et, comme parents, il faut souhaiter que le jeune ait tout ce qu'il lui faut pour s'adapter et même pour affronter l'adversité qui, parfois, frappe fort.

Contrairement aux années préscolaires où l'adulte est toujours assez près pour l'aider lorsqu'il le faut, l'enfant qui vieillit a de moins en moins accès à cet adulte « tout-puissant » qui a le mandat de « faire face » aux difficultés avec lui pour qu'il en souffre le moins possible. Or, même s'il est rarement complètement seul pour ce faire, on lui demande de plus en plus d'assumer et de trouver des solutions lorsqu'il se retrouve devant un problème à résoudre... ou une situation qu'il doit affronter et à laquelle il ne peut rien changer. Dans certains cas, l'adulte doit agir pour aider l'enfant ; mais dès que ce dernier est conscient de ce qui se passe autour de lui, il doit « faire face », d'une façon ou d'une autre, ce qui peut parfois être très éprouvant sur le plan affectif.

Une fois encore, les situations conflictuelles que l'enfant risque d'affronter en milieu scolaire sont innombrables. Nous n'en illustrerons que quelques-unes qui nous ont été rapportées par des parents comme étant particulièrement délicates. En fait, il s'agit de situations où l'on doit affronter des réalités moins heureuses.

Lorsque son enseignant ne l'aime pas

La motivation d'un bon nombre d'écoliers est déterminée par la relation qu'ils établissent avec leur enseignant. Il est donc normal de s'inquiéter quand cette relation ne semble pas des plus positives. Quand elle tourne carrément au vinaigre, il faut réagir parce que l'enfant qui est pris en aversion par son professeur souffre toujours de cette situation, même lorsqu'il joue les durs pour s'en protéger. La difficulté est souvent de distinguer la part de responsabilité de chacun dans ce « rendez-vous manqué ». Il y a certainement une raison qui amène un enseignant à prendre en grippe l'un de ses élèves, mais il est rare que l'enfant soit le seul responsable de cette situation. En effet, il arrive parfois que l'enfant ou sa famille soient si difficiles à vivre que l'enseignant se retrouve dans une impasse avec l'élève. Néanmoins, on s'attend toujours à ce que celui qui est en position d'autorité dans la classe trouve des solutions aux problèmes qui se présentent avant que ceux-ci ne prennent des proportions regrettables.

Plusieurs raisons peuvent être à la base de ce qui peut être perçu comme un manque de professionnalisme chez un enseignant. L'insuffisance des services dans nos écoles, problème récurrent, alourdit inévitablement la tâche des enseignants et contribue certainement à accroître les difficultés relationnelles qu'ils vivent avec certains écoliers. Les problèmes d'un enfant (comportement, défiance, passivité, opposition, etc.) sont parfois si importants que le moindre geste de sa part attire l'attention du professeur; l'enfant se retrouve ainsi dans la ligne de mire de celui qui a choisi d'enseigner, et non pas de devenir préfet de discipline. L'enfant se sent alors injustement traité parce qu'il est constamment réprimandé pour ses écarts de conduite, tandis que ses compagnons en font plus sans s'attirer les mêmes conséquences. Cela conduit l'enfant à réagir plus fortement encore, d'où l'apparition d'un cercle vicieux.

D'autres facteurs peuvent causer ou aggraver ce genre de problème, par exemple quand les parents surprotègent leur enfant, mettent en doute les compétences du professeur ou envahissent son champ d'action. Il arrive aussi que l'enseignant prenne en grippe un enfant tout simplement parce que celui-ci lui rappelle quelqu'un qu'il n'aime pas beaucoup. Cela complique les choses, surtout s'il n'a pas conscience de ce qui se passe ou qu'il ne peut expliquer objectivement ce mauvais arrimage.

Quoi qu'il en soit, devant une telle situation, il vous faut agir.

- Le plus simplement possible et en toute bonne foi, rencontrez l'enseignant pour tenter de mieux comprendre ce qu'il en est.
- Évitez le ton accusateur et cherchez plutôt à saisir la part de chacun dans le problème.
- Tentez de rendre cette discussion constructive: cherchez des moyens concrets de résoudre le problème au lieu d'essayer seulement de découvrir qui a tort et qui a raison. Emmenez votre enfant avec vous pour être en mesure de confronter directement les points de vue, à moins que vous estimiez réellement qu'il n'a aucune responsabilité dans cette situation.

- Si, malgré vos efforts, la situation demeure problématique et que vous avez l'impression que l'enseignant manque d'objectivité, demandez une rencontre avec la direction de l'école.

Astuce

Il est pertinent d'aider l'enfant à prendre conscience de ses capacités à faire changer la perception qu'ont de lui les gens en modifiant tout simplement ses attitudes non verbales. Ainsi, l'enfant peut amener un professeur à changer son impression ou son sentiment d'avoir devant lui un enfant paresseux qui ne veut rien apprendre simplement en se redressant sur sa chaise. De même, une attitude proactive du jeune qui se sent dépassé par les notions qu'il ne comprend pas peut changer la motivation d'un professeur à l'aider ou non. Le jeune dont le corps et les attitudes démissionnaires expriment son découragement peut donner une impression de « non-vouloir » à un enseignant qui, souvent, ne demande pas mieux que de l'aider s'il démontre une certaine ouverture. Le jeune peut alors prendre conscience de ce que dit son corps (je suis complètement dépassé), qui peut être faussement interprété (je ne veux rien savoir), et le transformer en se redressant (je veux bien, mais…). Après le cours, il peut demander à l'enseignant de reprendre avec lui les notions qui lui échappent (manifestant ainsi son envie de s'en sortir) s'il n'y a pas de périodes de récupération prévues au programme (et auxquelles il devrait participer sans autre préavis) ou si elles ne suffisent pas.

Faire face à la violence ou à l'intimidation à l'école

Le matin, les pleurs d'un enfant de 8 ans sont parfois le signe qu'il est victime d'intimidation à l'école. Mais, de façon générale, il ne veut pas en parler à ses parents. Les agresseurs agissent habituellement en groupe et choisissent leur cible parmi les plus vulnérables : les enfants qui se tiennent seuls et, souvent, les plus jeunes.

Les enfants ne dénoncent pas facilement leurs agresseurs. Ceux-ci prennent généralement soin d'imposer leur loi en proférant des menaces qui font que les victimes se taisent. La honte, l'humiliation ou la peur d'inquiéter les parents ou de les voir réagir de manière impulsive dans le but d'assurer leur défense peuvent aussi empêcher les enfants de parler.

Outre les pleurs, l'apparition subite de certains comportements peut mettre la puce à l'oreille des parents. L'enfant n'a plus envie d'aller à l'école, il est irritable, il perd régulièrement des objets qui lui sont chers, il demande de l'argent sous divers prétextes et devient anxieux si les parents refusent ou s'ils lui posent des questions précises sur ce qu'il en fait… Il faut agir parce que l'intimidation peut provoquer beaucoup d'anxiété et engendrer un véritable refus scolaire. Pour pouvoir aider son enfant à se sortir de cette situation, il faut essayer d'en savoir davantage.

- Lui dire que les changements dans ses comportements et son humeur vous inquiètent.
- Le rassurer sur les moyens qui seront pris pour éviter qu'il craigne d'en assumer les conséquences.
- Aviser son enseignant et la direction de l'école de vos inquiétudes, qu'elles soient fondées ou non.

- Vous renseigner sur ce qui est mis en place pour contrer ce genre de problèmes.
- Faire préciser à votre enfant où, comment et avec qui cela se passe. La plupart du temps, les actes d'intimidation se passent là où il y a moins de surveillance, soit aux arrêts d'autobus ou sur le chemin de l'école.
- Rencontrer le psychoéducateur de l'école pour qu'il aide votre enfant à sortir de cette impasse. Quand la situation est devenue trop problématique, certaines écoles font aussi appel à des « policiers jeunesse ».
- Chercher des moyens de briser l'isolement de votre enfant. Au besoin, « emprunter » un grand frère chez les plus vieux de l'école. Il pourra l'accompagner le plus souvent possible et être vu avec lui, ce qui a de bonnes chances de le rassurer et de décourager les agresseurs.
- Si vous pensez que la situation est devenue irréversible, il faudra malheureusement envisager le changement d'école comme solution à court terme.

Astuce

Le jeune ne devrait jamais se retrouver seul. Il doit s'organiser pour rester avec le groupe ou pour être accompagné (de près ou de loin) lorsqu'il quitte l'école pour la maison ou la maison pour l'école.

L'intimidation et la violence verbale ou physique sont de plus en plus répandues dans les écoles. C'est un problème de taille qui mobilise de très nombreux intervenants ; toutefois, actuellement, peu de solutions sont satisfaisantes. Au-delà de la répression, il reste à trouver des moyens qui régleront le problème à la base. En attendant, il faut rester vigilant et garder l'œil ouvert pour protéger les écoliers qui souffrent encore trop souvent en silence.

L'enseignant fait des fautes d'orthographe

Qu'un enseignant fasse une faute d'orthographe à l'occasion, passe encore. L'erreur est humaine. Qu'il en fasse régulièrement, c'est autre chose, surtout s'il enseigne le français! Toutefois, avant de le mettre au banc des accusés et de risquer ainsi de mettre en péril la relation de l'enfant avec cet adulte dont il a tant besoin, il faut être en mesure de distinguer l'erreur d'inattention d'une piètre maîtrise du français qui, elle, est effectivement inacceptable de la part de celui qui enseigne les matières de base au primaire. Lorsque l'erreur est occasionnelle, elle peut être aisément corrigée sans qu'on ait à monter aux barricades. Voilà d'ailleurs pour l'enseignant qui aura corrigé sa propre faute, comme pour les parents, une bonne occasion de transmettre à l'enfant le souci d'une bonne orthographe et de dédramatiser l'erreur qui peut toujours être réparée lorsqu'on accorde de la valeur à la langue écrite.

Il est vrai que certains enseignants commentent les travaux ou corrigent les textes des enfants en faisant de nombreuses fautes, ce qui fait évidemment réagir les parents, d'autant plus que ceux-ci reçoivent aussi à l'occasion des messages criblés d'erreurs de ces enseignants. Il est alors tout à fait normal de réagir et même de s'insurger.

Certains enseignants se prennent en main et font les démarches nécessaires pour améliorer la qualité de leur français écrit, tandis que d'autres s'en formalisent moins. Si tel est le cas, les parents concernés doivent d'abord tenter de discuter du problème avec le principal intéressé puis, au besoin, avec la direction de l'école. Si aucune solution n'est envisagée, ils peuvent s'adresser au conseil d'établissement de l'école. Si rien ne se règle, c'est finalement vers le comité de parents qu'ils se tourneront pour faire entendre leur point de vue. Personne ne devrait tolérer que son enfant soit instruit par un enseignant qui ne connaît pas la matière qu'il enseigne.

Les parents disposent des mêmes recours devant toute conduite jugée inappropriée sur le plan éducatif, comme par exemple dans le cas d'un professeur qui jure devant les élèves. Les parents sont en droit de réagir et de faire les démarches nécessaires pour confier leur enfant à l'école en toute confiance.

Nous venons de vous présenter de nombreuses situations qui sollicitent grandement des habiletés d'adaptation des enfants… et des parents. Il est clair que celui qui sait s'adapter a plus de chances de bien vivre ses années scolaires et de profiter au maximum des expériences éducatives qu'elles permettent. Toute sa vie, il aura à s'adapter au changement, au stress et à l'adversité inhérente à la vie en société. L'école est le lieu par excellence pour apprendre à s'adapter et pour exercer cette habileté qui est fondamentale afin de mieux vivre sa vie !

savoir s'adapter

Voici une liste de comportements susceptibles d'indiquer la présence de difficultés à **savoir s'adapter**. Les comportements mentionnés peuvent avoir d'autres explications. Toutefois, on peut penser que plus on relève de symptômes par rapport à ce savoir, plus il est important de chercher des moyens d'aider l'enfant à acquérir des habiletés dans ce domaine.

On peut penser que l'enfant a du mal à s'adapter si :

✓ il réagit fortement au changement et à la nouveauté ;

✓ il a tendance à régresser devant les changements ou les nouvelles étapes de la vie ;

✓ il faut l'avertir et le préparer quand il y a un imprévu au programme ;

✓ il a eu des difficultés à se séparer de vous (ses parents) lorsqu'il est entré à l'école ;

✓ il a du mal à se faire garder par des personnes autres qu'un membre de la famille ;

✓ il est encore très dépendant de vous et très peu autonome pour son âge ;

✓ il est facilement stressé ;

✓ il a tendance à être anxieux ;

✓ il a du mal à s'endormir le soir ;

✓ il anticipe avec crainte et appréhension la rentrée ou la nouvelle année scolaire ;

✓ il est triste ou maussade le matin avant d'aller à l'école ;

✓ il pleure ou se plaint de maux de ventre les matins de semaine (pas la fin de semaine) ;

✓ vous avez aussi des difficultés, comme parents, à accepter le changement et à faire confiance ;

✓ vous vous reconnaissez dans les difficultés que présente votre jeune.

Savoir rêver et renoncer quand il le faut

Pour apprendre, il faut savoir rêver et parfois, savoir renoncer. C'est en se projetant dans l'avenir qu'on fait des projets. S'ils sont réalistes, on prend les moyens pour les concrétiser ; sans quoi, il faut renoncer. Il n'est pas toujours facile d'évaluer le réalisme d'un projet sans adopter d'attitudes démissionnaires trop hâtives. C'est pourtant dans ce passage obligé que l'enfant trouve ou non l'énergie de poursuivre, de faire les efforts nécessaires et d'adopter les moyens qui lui sont enseignés. C'est donc en se projetant dans l'avenir que l'enfant a des chances de s'intéresser à ce qu'il apprend et qu'il comprend à quoi lui sert ou lui servira ce qu'on lui enseigne.

L'enfant qui a réussi à s'adapter à l'école doit maintenant pouvoir s'y investir en s'engageant dans les projets et tâches qu'on lui propose. Pour que ces activités lui permettent de faire des apprentissages, l'enfant doit savoir pourquoi il doit apprendre ce qu'on veut lui enseigner. Ainsi, il apprend à lire, à écrire et à compter pour pouvoir le faire seul un jour. Pour apprendre et retenir ce qu'on apprend, il faut compter se servir de ces notions dans un avenir plus ou moins rapproché.

Les enfants ont leurs rêves et les parents ont les leurs, qui sont parfois bien différents, voire incompatibles. Il se vit de nombreuses tensions et frictions au quotidien autour des divergences qui existent entre ces deux mondes. Les parents doivent se rappeler que l'école, c'est l'affaire de leur enfant et non pas la leur, mais qu'ils ont le devoir d'accompagner cet enfant vers ce qu'ils estiment être « le mieux pour lui ». Tâche complexe et délicate ! Le projet des uns doit correspondre à celui de l'autre pour qu'il y ait un engagement véritable de part et d'autre.

› RÊVER… DU CÔTÉ DES ENFANTS

La motivation scolaire : du rêve à la réalité

Les enfants sont des êtres fondamentalement curieux et actifs de nature. L'école leur offre généralement un milieu de vie motivant. Si un enfant de 8 ou 9 ans ne trouve pas d'intérêt à apprendre, il faut chercher la raison sous-jacente et souvent circonstancielle de son manque de motivation ou de ses attitudes démissionnaires.

L'enfant recherche habituellement le plaisir immédiat qui n'a d'égal que le sentiment de toute-puissance qu'il doit abandonner quand il arrive à l'école. L'entrée à l'école signifie souvent pour lui l'apprentissage du plaisir différé et, donc, de sa capacité à supporter les délais. C'est dans cette capacité que s'inscrit la motivation dont il a besoin pour poursuivre des buts et trouver le moyen de les atteindre.

Plusieurs facteurs peuvent influencer la motivation de l'enfant à l'école. Est-il en train de vivre à la maison des difficultés liées au contexte familial ? Un grand-parent malade, la naissance d'un frère ou d'une sœur, le décès de son chien, voilà quelques-uns des nombreux événements qui peuvent générer suffisamment d'anxiété pour drainer l'énergie de l'enfant et l'empêcher de se concentrer sur ses activités scolaires.

Dans le cadre même de l'école, il faut vérifier l'état des relations de l'enfant avec son enseignant et ses amis. Il n'est pas rare que, le temps d'une année, un élève ne s'entende pas avec son enseignant. C'est une réalité avec laquelle il doit composer. Si son enseignant ne lui plaît pas, l'enfant a moins envie d'aller en classe, de lui accorder sa confiance et de faire ses devoirs à la maison. Toutefois, son absence de motivation sera probablement temporaire. Les parents peuvent alors faire alliance avec l'enfant sans pour autant critiquer l'enseignant. Ils doivent lui expliquer que son objectif est de passer à travers la présente année et qu'eux aussi ont déjà eu des enseignants ou des employeurs qui n'étaient pas toujours faciles. En allant rencontrer l'enseignant, ils peuvent tenter de savoir s'il a aussi remarqué ce manque d'intérêt. Une simple discussion dénoue souvent bien des situations problématiques.

L'école perd également son attrait lorsque l'enfant éprouve des difficultés avec ses amis, lorsqu'il est ignoré ou rejeté par ses compagnons. S'il est urgent pour lui de se faire accepter par le groupe, les matières scolaires deviennent secondaires. Il est alors important de valoriser le travail de l'enfant en s'intéressant à ses nouveaux apprentissages ou à ses projets de recherche.

Tous ces facteurs peuvent évidemment teinter le « rêve » dont l'enfant a besoin pour rester motivé à l'école. Il est très différent de rêver à un « demain » intéressant avec des gens qu'on aime plutôt que de rêver à un « demain » qu'on anticipe avec appréhension.

Par ailleurs, un trouble d'apprentissage ou un déficit de l'attention cause aussi parfois une baisse de motivation. De tels problèmes sont plus difficiles à dépister chez des enfants qui sont tranquilles et intelligents et qui n'ont pas de problèmes de comportement. Une simple différence entre les styles cognitifs de l'élève et de l'enseignant peut aussi amener le jeune à « décrocher » et à perdre intérêt pour ce qui se passe en classe (voir la section « Des styles cognitifs aux styles d'enseignement et d'apprentissage », à la page 112). En effet, un élève très visuel peut éprouver des difficultés à comprendre les explications d'un enseignant passablement bavard. Il aura alors plus de mal à se souvenir de consignes qui n'ont été données que verbalement et qui étaient trop longues pour qu'il puisse les retenir dans leur totalité, comme peuvent le faire ses compagnons dont le style cognitif est plus près de celui de l'enseignant. Quant au déficit de l'attention, il rend vulnérable l'enfant qui, lui aussi, est obligé de mettre les bouchées doubles à l'école pour arriver à suivre. Il revient aux parents de discuter avec le professeur pour tenter de trouver la solution la plus appropriée. Rêver à la réussite sans moyens concrets d'y accéder est décourageant et illusoire au départ.

L'enfant qui est démotivé aura peut-être quelques réticences à terminer ses devoirs à la maison. Il faut alors éviter deux pièges : trop le pousser ou s'asseoir systématiquement à ses côtés pendant qu'il travaille. Mieux vaut lui offrir de l'aide au besoin et lui imposer une limite de temps pour éviter les débordements inutiles, voire nuisibles. S'il travaille de façon autonome, il faut valoriser cette attitude ; il sera fier de ses réalisations et cela l'encouragera à persévérer.

Il faut savoir que deux facteurs sont essentiels à la motivation : le sentiment de pouvoir répondre aux attentes ainsi que le fait de trouver un sens à ce qu'on apprend. Or, même le jeune qui ne présente pas de difficultés particulières pouvant nuire à sa motivation à l'école peut se retrouver tout à coup en panne de motivation, tout simplement parce qu'il ne voit pas de sens à ce qu'il apprend. Comment apprendre le mandarin si l'on ne compte pas l'utiliser un jour ? Or, savoir **pourquoi** on apprend quelque chose est essentiel à la réussite de l'acte d'apprendre.

La motivation peut être *extrinsèque* (on apprend pour quelque chose ou quelqu'un d'extérieur, que ce soit pour réussir un examen qui aura lieu dans un avenir rapproché ou parce qu'on adore notre enseignant) ou *intrinsèque* (pour le simple plaisir d'apprendre ou pour développer des habiletés et acquérir des connaissances sur un sujet donné parce que l'on compte s'en servir dans un avenir plus ou moins proche). Celui ou celle qui rêve de devenir mathématicien ou professeur de langues abordera différemment les cours qui lui sont offerts s'il pense qu'il pourra utiliser ses nouvelles connaissances ou habiletés. C'est donc dans le rêve, dans un certain *imaginaire d'avenir*, comme le dit Antoine de La Garanderie, que s'inscrit le moteur de l'apprentissage.

Nous savons aussi que le tempérament, l'éducation reçue, les capacités d'apprentissage, les expériences personnelles, la relation aux autres et le vécu scolaire influencent « l'identité scolaire » de celui qui fréquente l'école. Cela étant dit, ce qui nous intéresse ici, c'est surtout l'effet de ces facteurs sur la motivation scolaire de l'élève, parce qu'en comprenant mieux l'élève, on peut tenter de trouver des moyens de remédier à ses difficultés. Parmi les facteurs ayant de réels effets, on trouve les croyances (impressions devenues réalités pour l'enfant en fonction de ses expériences) qu'il a développées lorsqu'il forgeait son identité. Ce sont ces mêmes croyances qui peuvent lui donner ou lui enlever son pouvoir sur ce qu'il apprend. La motivation (le vouloir), largement influencée par ces croyances, est à la base de l'acte d'apprendre et de la réussite scolaire (le pouvoir).

En effet, pour être motivé à l'école, l'enfant doit croire qu'il a un certain pouvoir sur ses capacités d'apprentissage. Pour ce faire, il lui faut avoir la conviction que l'intelligence évolue et qu'apprendre, ça s'apprend ! Celui qui se croit peu intelligent, moins bien « nanti » par la vie, ou tout simplement le « loyal descendant » de ses parents qui n'ont pas réussi ou poursuivi leurs études très longtemps, n'aura peut-être pas la motivation suffisante pour réussir à l'école puisqu'il ne parviendra pas à se projeter dans l'avenir et à fournir les efforts nécessaires pour y arriver. Les échecs subséquents, qui arriveront rapidement, le convaincront qu'il est bien comme ses parents et qu'il n'est pas fait pour l'école. Par ailleurs, celui qui comprend que l'intelligence se développe en travaillant, en parlant aux autres, en réfléchissant, en écrivant, en schématisant, en regardant, en écoutant, bref en étant actif mentalement, comprend vite que plus il en fait, mieux il apprend. De plus, on sait que les difficultés d'apprentissage se compensent plutôt bien avec des moyens particuliers qui sont mieux connus aujourd'hui des milieux scolaires et qui sont de plus en plus enseignés aux enfants. Il ne les apprendra que s'il y croit et que si l'on y croit avec lui.

Celui qui ***croit*** que l'intelligence se développe avec le temps ***sait*** qu'il peut utiliser les moyens qui lui sont enseignés pour réussir de mieux en mieux (notamment pour compenser des difficultés d'apprentissage) et il fera des efforts en ce sens. Celui qui ***croit plutôt*** que l'intelligence est déterminée à l'avance et qu'on n'y peut rien ***ne sait pas*** que les moyens qui lui sont proposés donneront des résultats. Il ne fera pas d'efforts efficaces dans ce sens. La motivation prend sa source dans ces ***croyances***, qui orientent nos pensées de façon plus ou moins favorable. Dans cette perspective, le seul fait de savoir qu'on est en grande partie responsable de nos réussites ou de nos échecs est stimulant pour l'écolier parce qu'il se trouve alors en position de contrôle potentiel.

Toutefois, c'est en forgeant que l'on devient forgeron ! De telles croyances ne s'incrustent dans la pensée d'une personne que lorsque cette dernière comprend qu'en étudiant, elle retient mieux et, plus précisément, qu'en étudiant de telle ou telle manière, elle retient ou non ce qu'elle apprend. La personne qui explique sa réussite par le fait que l'examen était facile ou son échec par le fait qu'elle a un mauvais enseignant cherche des causes qui sont hors de son pouvoir. Celle-là risque fort de perdre rapidement sa motivation. La personne qui sait avoir pris le temps d'étudier, avoir fait les efforts nécessaires et utilisé les bons moyens sera motivée à devenir de plus en plus active mentalement parce qu'elle sait que ses réussites ou ses échecs dépendent d'elle-même et des moyens qu'elle met en place pour contourner les difficultés, le cas échéant.

Pour être motivé à l'école et se permettre de se projeter dans l'avenir avec une certaine confiance en soi, l'écolier doit aussi avoir un minimum de sentiment de compétence. Or, il est important que chaque enfant développe non seulement des compétences dans certains domaines, mais aussi de **grandes** compétences dans un domaine particulier (activité parascolaire, sports, arts, etc.). Il pourra s'appuyer sur celles-ci lorsque viendra le temps de « ressentir » en lui le degré d'effort et de persévérance qu'il fournit dans ces domaines où il excelle pour être capable d'en faire autant lorsque cela sera nécessaire à l'école. Ces expériences serviront de base et l'aideront à fournir les efforts nécessaires lorsqu'il se retrouvera en difficulté sur le plan scolaire.

Dans ce contexte, la réussite n'est que rarement une question de chance et l'enfant doit en être conscient dès son plus jeune âge. La réussite scolaire, comme le succès en général, est la résultante d'efforts et de travail. Dans cette perspective, c'est un non-sens que de souhaiter bonne chance à un enfant qui quitte la maison pour aller à l'école et qui aura un examen ou un exposé oral à faire. On lui souhaitera plutôt du succès ou une réussite à la hauteur de ses efforts. Plusieurs parents encouragent leur jeune en lui disant tout simplement de faire « de son mieux », ce qui signifie de faire les efforts nécessaires pour qu'il ait un rendement qui le satisfasse lui-même. On l'encourage à faire de son mieux et non pas à compter sur la chance, qui ne sera malheureusement pas au rendez-vous si l'enfant n'a pas ouvert ses cahiers pour préparer son examen.

Trucs et astuces pour se motiver

- Savoir pourquoi l'on apprend telle ou telle chose (à court, à moyen et à long terme).
- Trouver des motivations extrinsèques (motivations externes) et intrinsèques (projets personnels).
- Varier ses façons d'étudier (voir la section « Étudier… comment faire ? » à la page 160).
- Bien s'organiser dans l'espace, dans le temps et avec ses effets personnels.
- Croire que l'intelligence se développe et que les efforts portent des fruits à court et à moyen terme.
- S'exercer à différentes façons de faire, dont celles suggérées par les enseignants ou les parents.
- En faire toujours un peu plus que ce qu'on a envie de faire.
- Acquérir des stratégies d'étude efficaces pour être le plus autonome possible dans ses travaux.
- Utiliser toutes les ressources disponibles (enseignants, professionnels, parents, compagnons, ouvrages de référence, lignes téléphoniques d'aide aux devoirs, etc.).
- Chercher à comprendre les raisons d'une démotivation, qu'elle soit subite, progressive ou persistante, et tenter de trouver des solutions pour minimiser l'impact des facteurs identifiés : choix d'école, problèmes sociaux, difficultés relationnelles avec l'enseignante, préoccupations familiales, difficultés d'apprentissage, problèmes de santé, déménagement.
- Se rappeler que la réussite est la conséquence de nos efforts et non pas de la chance !

› Rêver… du côté des parents

Les enfants ont des rêves… leurs parents aussi. Lorsque ceux-ci sont compatibles, tout va bien. Dans le cas contraire, l'un des deux doit renoncer aux siens, à moins que les deux soient forcés de le faire. En effet, lorsque l'un fait des projets auxquels l'autre n'adhère pas — ou seulement en partie —, ces projets ont de grandes chances d'être voués à l'échec. Parents et enfants naviguent sur une même embarcation. Il est clair que si les deux parties ne rament pas dans la même direction, ils ont peu de chances d'avancer dans un sens comme dans l'autre. Discussions, écoute et compromis ont toute leur place dans ces moments faits de rêves et d'espoirs partagés.

Dans certains cas, les parents doivent prendre des décisions pour leurs enfants sans les consulter. Guidés par leurs rêves, ils font parfois des choix réalistes, pour le bien de l'enfant, et parfois des choix qui le sont moins. Tout dépend de leurs motivations… Les parents font généralement des choix en tenant compte des besoins de leur enfant ; mais s'agit-il de l'enfant réel ou de l'enfant idéal, celui dont ils ont rêvé et dont ils rêvent encore ? Voici quelques exemples de choix que doivent faire les parents d'enfants en âge de fréquenter l'école.

L'école à la maison

Lorsque, pour toutes sortes de raisons, un enfant ne trouve pas sa place dans le système scolaire, plusieurs parents se demandent si l'école à la maison ne représente pas une solution de rechange valable. Qu'en est-il au juste ?

L'école à la maison est parfois la seule solution quand l'enfant est aux prises avec une maladie qui l'empêche de fréquenter un établissement ou quand les parents décident, par exemple, de l'amener faire le tour du monde en voilier. En dehors de ces situations extrêmes, les parents qui font ce choix pour leur enfant ont des motivations très variées et parfois fort discutables. Certains y voient l'occasion de profiter pleinement de leur enfant et de lui inculquer leur façon de voir le monde, d'apprendre et de grandir ensemble, comme si cela n'était pas possible s'ils le laissaient fréquenter l'école. Ils apprécient également l'individualisation de l'approche et la souplesse qu'elle permet dans l'aménagement de leur horaire. D'autres trouvent leur motivation dans la fuite d'un système qui les déçoit au plus haut point comme parents.

Scolariser son enfant à la maison est une solution pour certains parents qui se sentent capables d'assumer cette tâche jusqu'au bout, mais il faut comprendre que cela sort littéralement l'enfant de la vie collective habituelle. Cela l'éloigne de ses copains de quartier qui sont importants dans le développement de son sentiment d'appartenance. Avant de prendre une telle décision, quelles que soient les raisons qui la motivent, les parents doivent se demander s'ils ne nuisent pas au besoin de socialisation de l'enfant.

Certains font ce choix parce qu'ils sont en profond désaccord avec la pédagogie en place ou parce que les programmes scolaires leur semblent trop faibles pour leur enfant. Leur décision me paraît alors très discutable. Faire un choix par dépit, c'est partir perdant sur tous les plans avec un jeune qui, lui, souhaite avant tout être « comme les autres » et « parmi les autres ». On peut opter pour cette solution en réaction à l'imperfection du système scolaire, mais en agissant ainsi, on oublie que celui-ci, malgré ses limites, apporte aussi beaucoup à l'enfant.

Il ne faut pas non plus minimiser l'ampleur de la tâche que représente pour les parents la scolarisation à domicile. Pour que la socialisation de l'enfant ne soit pas négligée, les parents doivent s'engager autant dans les apprentissages que dans tout ce qui a trait à la vie parascolaire de l'enfant. Certains relèvent ce défi en se joignant à des associations de parents qui favorisent cette option et se réunissent régulièrement afin que leurs enfants participent ensemble à des activités éducatives.

Les insatisfactions des parents à l'égard de l'école sont souvent fondées, car elle est imparfaite. Mais rien n'est parfait : ni l'école, ni les parents, ni même la société dans laquelle l'enfant devra vivre et s'épanouir tôt ou tard. Les parents devront-ils protéger indéfiniment leur enfant contre certaines aberrations des milieux dans lesquels il devra forcément évoluer ? D'ailleurs, même dans ce contexte, l'enseignement et l'expérience éducative reçus à la maison restent sous la gouverne de la commission scolaire, puisque celle-ci a le mandat de veiller à ce qu'ils soient équivalents à ceux que l'on dispense à l'école. Les parents qui choisissent ainsi de fuir le système scolaire y échappent en partie, mais jamais totalement. Bref, à moins de circonstances exceptionnelles, la solution au mécontentement des parents à l'égard de l'école ne me semble pas résider dans l'évitement.

Et l'enfant doué ?

La classe idéale n'existe pas pour l'enfant qui a des difficultés ou des forces particulières. Celui-ci, comme ses parents, devra finir par renoncer à cet idéal rêvé et s'adapter. Certains parents s'inquiètent du fait que leur enfant pourrait bien être trop doué pour être scolarisé en classe régulière. Ils craignent qu'il s'ennuie à l'école et qu'il décroche… avant même d'y avoir mis les pieds.

Certains enfants qui paraissent exceptionnels sur le plan de leurs habiletés ou de leurs connaissances ne satisfont pas forcément aux critères de la vraie douance. Il est nécessaire qu'une psychologue procède à une évaluation rigoureuse pour valider cette impression. Une telle évaluation est également obligatoire pour inscrire un enfant dans un programme destiné aux enfants surdoués ou pour obtenir une dérogation scolaire afin de passer à un niveau supérieur.

Il convient de garder à l'esprit qu'une aptitude particulière sur le plan cognitif ne va pas toujours de pair avec une telle aptitude sur le plan affectif. Déraciner un enfant de son milieu de vie, de son école de quartier et de son cercle d'amis pour l'intégrer à une classe de niveau supérieur peut être à l'origine de difficultés ultérieures. Bien que l'intelligence soit reconnue comme étant à la base des capacités d'adaptation d'un individu, un écart entre son développement cognitif et son développement affectif peut être la source de nombreux problèmes d'adaptation chez l'enfant.

Cela dit, il est très important qu'un élève, aussi doué soit-il, ne s'ennuie pas à l'école. C'est à son enseignante de savoir utiliser ses capacités au sein de sa classe afin de le motiver. Il pourrait par exemple aider les autres élèves lorsque son propre travail est terminé. Son enseignante peut également concevoir à son intention un programme supplémentaire comportant des défis capables de le stimuler, même s'il continue l'école en milieu régulier.

L'apprentissage scolaire est la spécialité de l'école. Les parents n'ont pas intérêt à devenir des professeurs en instaurant un surcroît de devoirs à la maison. Toutefois, ils peuvent inciter leur enfant à pratiquer des activités parascolaires. Si l'enfant est doué en classe, il est probable qu'il termine rapidement ses devoirs et ses leçons à la maison. Il pourrait donc profiter de son temps libre pour développer ses habiletés motrices ou artistiques. Si, en plus du programme scolaire, il consacre une partie de son temps à diverses activités, comme la musique ou le sport, il risque de découvrir des champs d'intérêt différents et peut-être des défis que sa classe ne lui offre pas. Cela lui permettrait également de rencontrer d'autres enfants avec qui partager ses centres d'intérêt et d'enrichir ainsi ses relations sociales.

La dérogation scolaire

Au Québec, les enfants doivent avoir 5 ans au 30 septembre pour entrer à l'école maternelle. Dans le cas d'un enfant né au début du mois d'octobre, la dérogation scolaire peut être une mesure intéressante, à condition qu'il possède la maturité suffisante pour entrer à l'école en même temps que ses copains de la garderie. Cependant, il faut savoir que, pour obtenir une telle dérogation, il ne suffit pas d'avoir atteint la maturité d'un enfant de 5 ans. Le professionnel qui, à la suite de son évaluation, recommande ou non la dérogation scolaire doit non seulement montrer que le futur petit écolier est en mesure de faire sa maternelle, mais surtout démontrer qu'un « préjudice sérieux » lui serait causé si on lui interdisait l'accès à l'école en raison de son âge.

Bien que la pertinence de suivre son groupe de la garderie à la maternelle semble couler de source pour plusieurs, je suis plutôt d'avis que ce n'est pas toujours un service à rendre à l'enfant, d'où l'importance qu'il y ait une bonne évaluation tenant compte de différents aspects de son développement (intellectuel, social et affectif).

En effet, même si un enfant – quel que soit son âge – a très hâte de commencer l'école, qu'il démontre de bonnes habiletés intellectuelles et possède de nombreuses connaissances, cela ne veut pas forcément dire qu'il est prêt à entrer à l'école, qu'il a la maturité pour le faire. L'immaturité d'un bon nombre d'enfants suffit souvent à les placer en situation d'échec sur le plan des apprentissages ou de l'intégration scolaire. Mais dès que l'enfant a 5 ans, la question ne se pose plus ; prêt ou non sur le plan de la maturité, il entre à la maternelle.

Lorsqu'on demande une dérogation, il faut comprendre que l'enfant sera le plus jeune de sa classe tout au long de son parcours scolaire. Il devra donc apprendre à mettre plus rapidement en veilleuse son besoin de jouer, souvent impérieux à cet âge-là, du moins pendant quelques heures dans la journée. Quitter plus tôt le monde de la petite enfance, cela signifie, pour celui chez qui « on aura découvert tous les talents », renoncer aux moments de sa vie où prédominent l'insouciance et l'*ici-et-maintenant* ; ce qu'il devra faire bien assez vite.

Voici maintenant, à titre d'exemples, quelques situations dans lesquelles on pourrait considérer que l'enfant risque de subir un « préjudice sérieux » s'il n'obtient pas de dérogation.

- Ses amis de la garderie partiront pour la maternelle sans lui alors qu'il est plus grand et plus intelligent (ce qui doit être démontré par des tests standardisés) que la plupart des enfants de ce groupe. De façon générale, ses habiletés sont supérieures à la moyenne des enfants de son âge et ses connaissances, plus nombreuses. En plus, il s'intéresse déjà à la lecture et connaît plusieurs lettres et chiffres. Il risque donc d'apprendre à lire et à compter au cours de la prochaine année, d'où la crainte de ses parents qu'il s'ennuie à l'école quand il y entrera officiellement.

- L'enfant est né au début du mois d'octobre, et à 4 ans et demi, il a la maturité affective d'un enfant de plus de 5 ans. Au moment de remettre les demandes de dérogation, il joue avec des élèves qui sont déjà à la maternelle et s'ennuie visiblement avec des enfants de son âge.
- L'enfant de 5 ans a appris à lire avant son entrée à la maternelle. Il serait souhaitable de demander une dérogation dès son arrivée à la maternelle afin qu'il puisse aller tout de suite en première année si l'on estime qu'il a la maturité affective pour faire ce saut.

En dehors de ces situations qui pourraient causer un « préjudice sérieux » à l'enfant, et à moins de circonstances particulières, vous aurez deviné que, pour ma part, je ne suis pas à priori pour les dérogations scolaires. Quoi qu'il en soit, chaque demande doit être étudiée dans le meilleur intérêt de l'enfant.

Camp d'immersion pour l'apprentissage d'une langue seconde

Certains parents choisissent d'offrir un camp d'immersion en anglais pour aider leur enfant à apprendre une seconde langue plus rapidement qu'il est possible de le faire en suivant les cours offerts à l'école. Comme tous les choix éducationnels que nous faisons pour nos enfants, ce type d'expérience est probablement fort avantageux pour certains, mais beaucoup plus hasardeux pour d'autres.

L'âge et les motivations de l'enfant sont certainement des critères importants pour juger de l'efficacité d'une telle approche éducative. Il faut avoir de bonnes raisons pour choisir d'inscrire un enfant de 6 ans dans un camp d'immersion en anglais. En effet, nombreuses sont les questions que ce choix suscite. S'agit-il d'une demande de votre enfant ? Veut-il apprendre l'anglais par plaisir ? Le fait d'avoir des amis ou des voisins qui parlent anglais constitue-t-il une bonne motivation pour lui ? Y a-t-il un parent anglophone dans la famille ? Avez-vous prévu un déménagement dans un quartier à dominance anglophone ? Prévoyez-vous un voyage pour lequel vous voulez préparer votre enfant ? Est-ce votre propre inquiétude par rapport au marché du travail qui vous incite à vouloir qu'il apprenne l'anglais très tôt ?

En répondant notamment à ces questions, vous découvrirez si votre enfant a une motivation particulière pour participer à ce camp. Si ce n'est pas le cas, il n'y a pas lieu de précipiter les choses. Advenant qu'il participe à ce type de camp, il lui sera difficile de conserver ses connaissances de l'anglais si aucune situation ne l'incite par la suite à les utiliser. En effet, si votre enfant, à son retour du camp, n'a jamais l'occasion de parler anglais ou ne fait que regarder des films en anglais de temps à autre, il perdra rapidement ses acquis. L'apprentissage d'une langue doit être arrimé à la réalité. Cela doit aussi être ancré dans des valeurs familiales que l'enfant peut partager.

Il est certain que le camp d'immersion est, de façon générale, un bon moyen pour apprendre, car il permet à l'enfant de voir, d'entendre et d'assimiler de nouvelles expériences. À cet âge, tous les modes sensoriels sont déployés et prêts à capter l'information. Toutefois, avant d'inscrire votre enfant dans un camp dans le but de lui offrir une expérience d'immersion, évaluez également son fonctionnement. S'agit-il d'un camp de jour ou d'un camp de séjour ? Dans ce dernier cas, votre enfant devra avoir pris l'habitude de dormir à l'extérieur, chez un ami ou chez grand-maman. De plus, souvenez-vous que le camp d'immersion exige une très bonne capacité d'adaptation, car l'enfant se retrouve privé de son moyen de communication habituel, sa langue maternelle.

Enfin, si vous tenez à ce qu'il fasse cette expérience, voyez s'il n'est pas possible de trouver un camp où les éducateurs sont capables de communiquer dans la langue maternelle de votre enfant si la situation l'exige. Lorsqu'un enfant de 6 ans s'ennuie, loin de ses parents et dans un environnement étranger, il est préférable qu'il puisse partager sa peine dans la langue de ses parents, qui est aussi celle de ses émotions.

Toutefois, pour le jeune de 10 ou 12 ans qui veut apprendre l'anglais et qui a les capacités adaptatives de se retrouver dans un monde où l'on ne parle que cette nouvelle langue qu'il souhaite acquérir, ce type d'expérience est certainement très profitable. Même le moins doué apprend mieux une deuxième langue en y étant plongé complètement parce que tout est en place pour qu'il entende, voie, lise, parle et agisse dans cette langue. Pour celui qui apprend, il est très formateur d'écouter la télévision en anglais, de devoir jouer des scènes de la vie quotidienne ou de partager des moments de réalité avec ses compagnons quand tous cherchent à s'exprimer en anglais. À cet âge, il a plus de maturité sur les plans affectif et cognitif, ce qui lui permet de mieux profiter d'une telle expérience.

Les jumeaux à l'école

Chaque couple de jumeaux est unique, tout comme la relation qui les unit. Plusieurs parents se demandent, au moment de faire entrer leurs jumeaux à l'école, s'ils doivent tenter de les garder unis ou s'il est préférable de les séparer en les mettant dans des classes différentes. Si l'on prône la séparation des jumeaux à l'école, c'est dans le but de les aider à s'individualiser. Plusieurs experts pensent que la séparation favorise l'indépendance des enfants. Toutefois, il s'agit d'une question controversée, car tout dépend du type de couple que forment les deux enfants et de l'urgence qu'il y a ou non à favoriser la séparation. En effet, les jumeaux tissent des liens étroits et privilégiés. Pensons simplement aux jumeaux qui s'autosuffisent dans la dyade qu'ils composent et qui ont besoin de s'individualiser. Dans les cas extrêmes, certains arrivent à développer un langage inventé et incompréhensible pour l'entourage. Ils peuvent s'isoler ensemble, rester très proches l'un de l'autre et vivre dans un état fusionnel qui est parfois malsain. Peu importe leur type de relation, les jumeaux partagent une proximité exceptionnelle. Ces enfants auront donc intérêt à s'ouvrir davantage au monde qui les entoure, ce qui, pour certains, ne pourra se faire qu'en ayant chacun leur classe.

La maternelle est déjà en soi une étape exigeante. Pour plusieurs enfants, c'est le premier vrai choc de séparation d'avec la famille. D'autres, habitués aux centres de la petite enfance, ont déjà en partie absorbé ce choc, mais ils doivent tout de même s'habituer à l'environnement scolaire, aux lieux, aux nouveaux visages, aux horaires.

Dans cette optique, il n'y a pas vraiment d'urgence à séparer des jumeaux dès la maternelle pour les aider à s'affranchir l'un de l'autre. Si la douleur d'être séparés est trop grande, les priver de leur frère ou de leur sœur pourrait même devenir un frein à leur adaptation scolaire. Les parents de jumeaux doivent mesurer les besoins et les désirs de leurs enfants afin de s'ajuster à leurs priorités. Ils doivent aussi se rappeler qu'il y a d'autres moyens d'encourager les enfants dans leur quête d'individualité. Pourquoi ne pas laisser les jumeaux absorber le choc de ce premier changement en étant dans la même classe, quitte à reconsidérer la question pour l'entrée au primaire ?

Il peut aussi être utile d'en parler à la direction de l'école et aux enseignants de maternelle. Ces derniers ont parfois des réticences à accepter des jumeaux identiques dans leur classe. Ils redoutent de ne pas pouvoir les différencier. C'est aux parents de les rassurer en leur promettant, par exemple, d'habiller et de coiffer leurs enfants différemment. Ce sera une bonne manière de favoriser l'indépendance de leurs jumeaux tout en facilitant la tâche de leur professeur.

Quoi qu'il en soit, le dilemme que pose ce genre de situation ne peut se résoudre que si les parents se centrent sur les besoins des enfants, au prix parfois de devoir mettre les leurs en veilleuse. Au moment de l'entrée à la maternelle, certains d'entre eux souhaitent aider leurs enfants à se distancier de leur frère ou de leur sœur afin que chacun puisse acquérir son autonomie. Plusieurs pensent alors que la démarche sera plus facile si les petits sont dans des classes distinctes. Il peut aussi arriver qu'un des enfants présente certaines difficultés qui justifient le recours à une classe spécialisée dans la même école ou ailleurs… dans ce contexte, les parents devront forcément se plier aux recommandations qui seront faites pour le bien de leurs enfants. Les parents de ces jumeaux, comme tous les parents d'ailleurs, auront plus de facilité à accepter ces orientations s'ils ont déjà appris à renoncer à certaines de leurs préférences au profit des besoins et motivations de leurs enfants.

› Savoir renoncer

Rêver dans la réalité, c'est parfois devoir renoncer

L'enfant qui sait s'adapter, qui apprend à affronter des obstacles et qui se permet de rêver doit aussi savoir renoncer à certains projets pour éviter que chaque déception ne tourne à la catastrophe pour lui. Ses parents, qui l'accompagnent dans sa vie scolaire, doivent aussi savoir abandonner certains rêves qu'ils ont faits pour lui quand ils découvrent que ces rêves ne pourront malheureusement pas se réaliser. Les parents qui veulent donner ce qu'il y a de mieux à leur enfant, mais qui n'ont pas les moyens financiers ou la santé pour y arriver, font plus de tort que de bien quand ils passent leur temps à regretter cette situation plutôt que d'en tirer le meilleur parti possible.

Affronter la réalité et renoncer sont deux savoirs qui s'imposent de façon presque simultanée. Dans ces circonstances, les parents ont une double tâche : renoncer pour eux-mêmes et accompagner leur jeune dans le deuil qu'il doit faire de ses rêves. Depuis l'élève qui souhaitait avoir un enseignant en particulier et qui apprend qu'il ne sera pas dans sa classe jusqu'à celui qui souhaitait aller dans une école privée, mais qui n'y a pas été admis, il y a de nombreuses occasions d'exercer le renoncement, à l'école comme dans la vie en général. Avant de renoncer, il faut tenter d'aller au bout de ses rêves, mais sans s'acharner quand cela s'avère impossible. Ici, le défi consiste à distinguer ce qui est possible de ce qui ne l'est pas, afin d'éviter autant la démission hâtive que l'acharnement inutile et la frustration chronique.

Le renoncement a parfois des vertus, en ce sens qu'il peut mener l'enfant vers d'autres voies qu'il n'aurait pas empruntées autrement.

Suzanne racontait récemment combien elle s'était insurgée contre le choix de l'école privée que ses parents avaient fait pour elle quand elle était jeune. Après avoir eu gain de cause, elle a complété — de peine et de misère — les trois premières années de son secondaire dans une grande polyvalente où elle s'est sentie « comme une parmi tant d'autres ». C'est en entrant dans une plus petite école pour terminer son secondaire qu'elle a réalisé combien elle avait fait un mauvais choix quelques années plus tôt. Elle a alors compris à quel point le rapport privilégié aux enseignants que lui permettait cette école plus petite était déterminant pour elle, non seulement pour sa réussite scolaire, mais pour son bien-être général. Suzanne est une personne très relationnelle, mais elle a découvert bien tard l'impact de cette caractéristique sur son fonctionnement en général. Ce n'est pas tant le fait que l'école était privée ou publique, mais bien la taille de l'établissement et le type de rapports dont elle avait besoin avec les enseignants qui, pour elle, auraient dû éclairer le choix de son école.

Choisir son professeur : les deux côtés de la médaille

Renoncer au professeur idéal ou tout au moins… idéalisé, voilà un autre bon exemple de renoncement à nos rêves et à nos désirs. Il arrive fréquemment que les enfants émettent le souhait de se retrouver, l'année suivante, dans la classe d'un enseignant qu'ils aiment, souvent celui qui a la meilleure réputation ou celui qu'un frère ou une sœur a déjà connu. Ils peuvent au contraire souhaiter ardemment ne pas se retrouver dans la classe d'un enseignant. Ils souhaitent pouvoir choisir leur enseignant, mais ce choix en est parfois un d'évitement. Lorsque l'enfant insiste, on peut se demander s'il est pertinent ou judicieux, comme parents, de transmettre ce souhait ou cette demande à la direction de l'école. En fait, tout dépend de la façon de l'exprimer et des raisons qui le motivent. Dans certains cas, le « bon arrimage » élève-enseignant est hautement nécessaire pour que la réussite soit possible. Les directions d'école tiennent généralement compte des besoins particuliers des écoliers au moment de faire les classements, mais dans certains cas, les parents se demandent s'ils peuvent « s'en mêler ». Ici comme ailleurs, ils doivent savoir distinguer un besoin d'un désir lorsqu'ils se demandent s'ils doivent insister au moment de faire une demande particulière à la direction de l'école.

Dans le cas d'un désir, aussi intense soit-il, l'enfant peut rêver, mais il doit aussi affronter la réalité si son rêve ne se réalise pas ; or, cela s'avère très difficile pour certains enfants qui s'accrochent. Rêver, c'est aussi savoir renoncer. L'épreuve de la réalité est parfois douloureuse, mais elle fait partie de l'éducation et elle est nécessaire, à court terme comme à long terme.

Lorsque l'enfant veut être dans la classe d'un enseignant qui est très aimé à l'école, il doit comprendre que plusieurs autres élèves souhaitent probablement la même chose. Or, il est impossible que l'ensemble des enfants y ait accès. L'enfant qui fait une telle demande doit donc être prêt à essuyer un refus pour des raisons de logistique, tout simplement. Si vous choisissez, comme parents, de faire une demande particulière en ce sens à la direction de l'école, il faudra d'abord préciser à l'enfant qu'il n'est pas question que vous insistiez si la réponse est négative. Il ne s'agit pas de satisfaire un caprice, mais plutôt d'encourager votre enfant à exprimer ses demandes. Par ailleurs, si son souhait ne se réalise pas, il aura une belle occasion de pratiquer le renoncement... malheureusement parfois nécessaire.

Comme nous l'avons déjà mentionné, certains enfants trouvent leur motivation pour l'école dans la relation qu'ils établissent avec les autres : enseignants, parents et amis. Par exemple, certains ont besoin d'avoir de bons échanges avec l'enseignant pour persévérer dans leurs efforts, parce que — grâce à ce lien devenu significatif —, ils souhaitent lui faire plaisir. Pour ces enfants qu'on dit très relationnels et parfois dépendants de l'adulte, il est important de savoir clairement pourquoi ils réclament un enseignant en particulier. Pensent-ils pouvoir mieux travailler ? Au contraire, craignent-ils depuis longtemps un autre enseignant qui est plus sévère ? Dans ce dernier cas, il s'agit parfois d'une bonne raison pour que les parents essaient de placer leur enfant avec un autre professeur. Si cela n'est pas possible, il faut profiter de l'occasion pour expliquer à l'enfant que les adultes doivent aussi quelquefois tolérer des employeurs qu'ils n'aiment pas beaucoup. Il faudra, par ailleurs, le soutenir davantage au cours de l'année et l'encourager à trouver une source de motivation extérieure pour son travail scolaire.

Pour leur part, les enfants qui sont en difficulté d'apprentissage ont particulièrement besoin d'un enseignant ouvert, prêt à les accueillir dans sa classe. Cela est encore plus vrai en cette époque où l'intégration massive des enfants en difficulté dans les classes régulières en décourage plus d'un; d'où l'importance de s'assurer de la qualité d'accueil de l'enseignant avant que le jeune en difficulté soit orienté dans sa classe.

Il arrive aussi qu'un enseignant soit déjà connu de la famille. Un frère ou une sœur a fréquenté sa classe auparavant et des conflits non résolus ont laissé des traces. La demande de l'enfant peut s'expliquer par sa réticence à se retrouver dans la classe de cet enseignant. En outre, si ce professeur n'a pas non plus la confiance et le soutien des parents, l'année risque d'être difficile pour tous. Dans ces conditions, le choix devient presque une affaire de famille.

Dans tous les cas, il faut éviter de dramatiser la situation. En général, un enfant a assez de ressources pour traverser une année scolaire et s'adapter à un nouvel enseignant. De plus, si la demande d'un enfant est refusée, ce dernier aura peut-être l'occasion de découvrir un enseignant intéressant. Il peut apprendre de cette expérience que tout renoncement n'est pas nécessairement tragique, au contraire. Il s'agit d'une perte, mais qui peut ouvrir des portes à des horizons qu'on ne soupçonnait pas. Il est possible que se réalise ce que l'enfant anticipait avec l'enseignant qu'il ne désirait pas avoir, mais une fois encore, il passera par cette expérience qu'il avait redoutée sans y perdre toutes ses plumes, ce qui peut être tout aussi riche comme apprentissage à long terme.

C'est dans le rêve qu'on puise l'énergie nécessaire pour atteindre ses buts. Dans les pages qui précèdent, nous avons voulu montrer que les rêves, les désirs et les ambitions de chacun sont autant de moteurs de changement dans la vie d'une personne. Se projeter dans l'avenir et être capable de « se voir » en train de réussir ou de faire mieux le lendemain incite à prendre les moyens pour y arriver. De la même façon que le stress aide à apprendre, sauf lorsqu'il est trop grand, le rêve favorise les apprentissages dans la mesure où il s'inscrit dans la zone des possibles ; sans quoi, savoir renoncer devient essentiel. Dans ce contexte, il est primordial de faire la différence entre ce qui est possible et ce qui est utopique pour permettre aux enfants et à leurs parents de faire des choix judicieux !

Voici une liste de comportements susceptibles d'indiquer la présence de difficultés à **savoir rêver**. Les comportements mentionnés peuvent avoir d'autres explications. Toutefois, on peut penser que plus on relève de symptômes par rapport à ce savoir, plus il est important de chercher des moyens d'aider l'enfant à acquérir des habiletés dans ce domaine.

On peut penser que l'enfant manque de motivation si :

- ✓ il n'a pas envie d'aller à l'école ;
- ✓ il a toujours des critiques négatives à formuler à l'égard de son enseignant ;
- ✓ il ne parle jamais de ses amis ;
- ✓ il ne semble pas avoir de rêves ni de projets d'avenir ;
- ✓ il n'aime pas son école ;
- ✓ il n'a pas de centres d'intérêt ni d'activités parascolaires auxquelles il s'adonne avec plaisir ;
- ✓ il a beaucoup de mal à renoncer à ses rêves lorsqu'il le faut ;
- ✓ il vous est difficile, comme parents, de distinguer un désir d'un besoin lorsque l'enfant vous fait des demandes.

Savoir s'intégrer : respecter, partager, coopérer

Pour réussir à l'école et pour mieux vivre ensuite en société, il faut un minimum de « savoir-vivre ». Il faut d'abord se respecter soi-même, puis respecter les autres, les règlements, les délais prescrits et les façons de faire des différents milieux où l'on se retrouve et dans lesquels on s'engage. Que l'on soit parent, enseignant ou enfant, il faut donc savoir se respecter et se faire respecter.

Les règles qui régissent un groupe ont pour objectif d'aider à maintenir l'ordre et la sécurité. La personne qui transgresse les règles doit généralement faire face à certaines conséquences. Elle se retrouve aussi très souvent en marge du groupe et, de ce fait, elle s'isole. Il s'agit parfois d'un choix personnel, issu d'un refus de la vie de groupe ou d'une trop grande difficulté à s'y adapter. Toutefois, la personne qui souhaite faire partie du groupe, y être admise et intégrée, doit respecter le code de vie en vigueur. Par la suite, elle doit apprendre à prendre sa place, puis à la partager et à coopérer avec les autres. L'école est le lieu par excellence pour apprendre à vivre en société.

Pour plusieurs, rien n'est facile dans l'intégration sociale. La personne qui est acceptée de tous doit, elle aussi, apprendre à respecter l'autre, à faire de la place à chacun tout en prenant la sienne, à coopérer avec les autres même si elle ne les a pas choisis, etc.

✓ Vivre en groupe, c'est comprendre que sa liberté s'arrête là où commence celle de l'autre. Mieux vivre l'école, c'est d'abord et avant tout y trouver sa place socialement parce qu'au-delà du rendement scolaire, ce sont les relations que l'enfant y vit qui transformeront ces années en bons ou en moins bons souvenirs.

S'intégrer à l'école, c'est s'y engager activement après s'y être adapté. Celui qui réussit à s'adapter à un milieu différent, c'est-à-dire à « faire avec » toute la nouveauté que ce dernier comporte, doit par la suite s'impliquer et s'engager, sans quoi il ne pourra vivre qu'en marge du groupe… Or, de la capacité de s'adapter à celle de s'intégrer, il n'y a qu'un pas, celui de l'engagement. Et celui-ci n'est possible que lorsque ce dans quoi on s'engage a un sens pour nous.

› Savoir respecter

Pour s'intégrer à un groupe et se faire accepter de ses pairs, il faut savoir les respecter et respecter les règles qui régissent ce nouveau milieu de vie et son environnement méconnu.

Toute personne qui se respecte cherche à être aimée et à être admise dans un groupe, ce qu'elle ne peut faire qu'en acceptant d'adhérer au code de vie en vigueur. Dans les pages qui suivent, nous illustrerons ce qu'un jeune doit au minimum respecter pour que soit possible son intégration sociale dans un nouveau milieu.

Se respecter soi-même

Pour être accepté dans un groupe et vouloir être en relation avec les gens, il faut d'abord se respecter soi-même. Une bonne hygiène, une alimentation adéquate, des heures de sommeil suffisantes ainsi qu'un minimum de bonne forme, voilà autant de facteurs qui contribuent à la santé physique et qui favorisent la santé mentale ainsi qu'une intégration sociale réussie.

Nous savons tous combien les enfants qui font de l'embonpoint ont plus de mal à se faire des amis, tout comme ceux qui ne participent à aucun sport ou qui n'ont pas de centres d'intérêt et sont passifs. Pire encore, l'enfant qui néglige son hygiène corporelle et qui dégage des odeurs désagréables à l'école est rapidement ciblé par ses pairs, puis rejeté ouvertement. De simples habitudes de base, comme le fait de manger correctement sans en mettre partout, sans parler la bouche pleine et sans se goinfrer, font partie du bagage que tout enfant doit acquérir avant d'entrer à l'école. De plus, l'enfant qui est propre, qui se lave les dents et qui porte des vêtements adéquats a beaucoup plus de chances d'être accepté par ses pairs que celui qui est sale ou qui sent mauvais. Il n'est pas rare de constater que les enfants qui ont été agressés ou négligés ont du mal à prendre soin d'eux-mêmes, comme si leur corps n'était pas digne de soins minimaux. N'ayant pas acquis de bonnes habitudes de base, ces enfants sont peu conscients de l'effet qu'ils ont sur leurs compagnons et parfois même sur les adultes. On se demande quelquefois s'il ne s'agit pas là d'une façon inconsciente de tenir les autres à distance et de se protéger…

Respecter ses pairs et s'intégrer socialement

L'amitié, c'est précieux. Pour les jeunes enfants, la perte d'un ami équivaut à une peine d'amour chez l'adolescent. En effet, ils n'ont pas encore suffisamment d'expérience pour croire au lendemain et pour relativiser la situation. Il est fréquent d'assister à des querelles d'enfants qui se terminent par des ruptures d'un jour, plus particulièrement chez les petites filles, mais cela est bien souvent éphémère. Les garçons aussi se disputent, mais force est de constater qu'ils se blessent moins au cours de leurs chamailleries.

Lorsque l'enjeu est la quête de l'exclusivité dans les relations, les filles « se défendent » ou « attaquent » là où elles savent qu'elles toucheront la sensibilité de l'autre. D'où l'importance d'enseigner l'empathie dès que l'enfant est capable de se décentrer de son propre point de vue et de se mettre à la place de l'autre, soit autour de 7 ou 8 ans. Lorsque vous remarquez, au retour de l'école, que votre enfant semble triste, cela mérite que vous preniez le temps d'en discuter avec lui. Très souvent, la conversation aura comme objet la relation aux autres et le sentiment d'avoir été blessé par un camarade ou par le groupe. Il s'agit là d'une excellente occasion de parler de l'amitié et des critères qui incitent à poursuivre un lien… ou à y renoncer quand il le faut.

On dit souvent que les bons amis se comptent sur les doigts d'une main. En fait, nous les choisissons tout comme eux nous choisissent. Cette réciprocité est essentielle pour créer un véritable lien d'amitié avec l'autre. Le respect mutuel et l'empathie sont aussi des critères qui permettent de distinguer l'ami de la simple connaissance. **L'amitié est un puissant facteur de protection contre la violence qui ne cesse de croître dans les écoles**; c'est pourquoi les enfants doivent apprendre très tôt à se faire des amis et à les garder sans remettre ce lien en question dès le premier désaccord.

Lorsqu'un conflit survient, encouragez votre enfant à faire les choses suivantes :

- Analyser chaque séquence de la situation qui a conduit au conflit ;
- Considérer sa part de responsabilité dans la situation rapportée ;
- Se mettre à la place de l'autre pour mieux comprendre ;
- Tirer sa conclusion quant aux torts réciproques et chercher des solutions ;
- Se demander s'il tient à la relation et pourquoi ;
- Faire un geste pour tenter de réparer les choses, du moins si ce lien est important pour lui ;
- Renoncer à cette amitié s'il estime que l'autre lui fait plus de mal que de bien.

Par ailleurs, il faut faire attention à l'utilisation abusive de certaines phrases, comme « Bonjour les amis » ou « Voici ton nouvel ami », qui sont largement utilisées quand on veut désigner l'enfant dans les milieux de garde ou dans les milieux scolaires. Ces phrases contribuent à diluer la notion d'amitié, ce qui amène les enfants à confondre « ami » et « connaissance ». Le sens du mot « ami » perd alors de sa valeur.

Savoir se faire de vrais amis et les garder facilite l'intégration scolaire, favorise l'estime de soi et permet d'acquérir la confiance nécessaire pour cheminer en sécurité à l'école et dans la société.

Respecter les gens et l'autorité : « Je te vouvoie ! »

Depuis quelques années, on assiste à un retour du vouvoiement dans les écoles. Cette question est controversée parce que, pour certains, le vouvoiement est une solution du passé qui n'est pas apte à régler les problèmes de discipline qui existent à l'école. Pour ceux qui sont favorables au retour à cette pratique, le vouvoiement représente au contraire une façon d'inculquer aux élèves l'une des règles de base de la vie en société : le respect envers une personne qui représente l'autorité. Cela favoriserait le respect de la discipline dont l'absence est si souvent soulignée lorsqu'on s'étonne de l'augmentation du phénomène de l'inadaptation scolaire et sociale des jeunes.

En classe, les enfants ont moins besoin d'un ami supplémentaire que d'un modèle qui doit assumer sa place d'adulte. Le fait que l'enfant ne soit pas en position d'égal à égal avec son enseignant permet bien souvent d'éviter les négociations et les confrontations qui sont normales lorsque les deux parties sont sur un pied d'égalité. La distance nécessaire entre l'enseignant et son élève est beaucoup plus claire lorsque ce dernier utilise le « vous ». Pour accepter de se plier aux règles que l'enseignant demande de respecter en classe, l'élève doit reconnaître que ce dernier a un statut différent du sien, tout comme il le fait avec ses parents lorsque ceux-ci savent assumer leur position d'autorité.

L'autorité de l'enseignant étant parfois plus facilement contestée que celle des parents, le recours au vouvoiement devient une mesure qui peut favoriser la différenciation des rôles. Cette « barrière » entre l'enseignant et l'élève impose un réflexe de pensée à ce dernier; elle freine sa familiarité et l'amène à changer de ton lorsqu'il s'adresse à l'adulte. Celui-ci a alors plus de latitude pour intervenir efficacement auprès de ses élèves et réussit plus facilement à implanter un cadre à l'intérieur duquel l'enfant peut apprendre et s'épanouir en toute sécurité.

Le vouvoiement est de plus en plus répandu, mais il est laissé bien souvent à la discrétion des enseignants ou de l'école, ce qui explique pourquoi certains l'exigent et d'autres, non. Contrairement à l'aspect répressif et autoritaire autrefois associé à cette façon de marquer la différence entre l'adulte et l'enfant à l'école, l'implantation progressive de cette mesure se fait aujourd'hui dans un climat de respect mutuel. L'enfant est donc invité à vouvoyer son enseignant ou à l'interpeller en faisant précéder son prénom des mots « madame » ou « monsieur ». Alors, si « madame Suzanne » constate que son élève oublie le « vous », elle le lui rappelle sans sévir. À l'usage, on se rend compte que les élèves prennent facilement l'habitude de vouvoyer leur enseignant en classe et que, par ailleurs, comme l'observent souvent leurs parents, ils vouvoient aussi spontanément les adultes dans la vie quotidienne.

Il est évident que le fait d'exiger le vouvoiement ne suffit pas à régler tous les problèmes de discipline à l'école, mais cela peut certainement contribuer à améliorer le climat de la classe ainsi que la relation de l'élève avec son enseignant.

Le code de vie

Chaque école a son code de vie que tout élève doit respecter. Ce code, c'est l'ensemble des règlements de l'école et des conséquences auxquelles s'expose l'enfant qui ne les respecte pas. Les normes prescrites par ce code de vie s'appliquent dans l'école, sur le terrain de l'école, à bord des autobus scolaires et lors d'activités éducatives ou sportives organisées par l'école. Leur but est d'offrir aux jeunes un milieu sécuritaire qui véhicule des valeurs importantes au sein de la communauté.

En prenant le temps de bien étudier avec le jeune ces règlements et leurs raisons d'être, les parents lui permettent de comprendre ce qui sous-tend ces règlements qui, dès lors, ne sont plus seulement des moyens de contrôle. Celui qui perçoit les règlements uniquement comme une façon de contrôler les jeunes a plus tendance à s'y opposer ou du moins à déroger aux règles, parfois même avec plaisir.

On sait tous qu'à la fin du primaire et au secondaire, les jeunes ont besoin de s'opposer aux adultes pour s'individualiser. Certains le font sans transgresser les règles imposées à l'école alors que d'autres semblent avoir appris leur code de vie par cœur pour pouvoir déroger à chacune de ses règles. Les plus malins « calculent » les risques. Ils jouent avec les limites ou les règles sans les outrepasser carrément ou effrontément. Avec eux, on se retrouve toujours à devoir écouter des excuses tout en sachant qu'ils mettent beaucoup d'énergie à broder leur histoire ; toutefois, en cours de route, on se met à douter… et à se dire que, finalement, ce n'était pas si grave… Celui qui a quitté l'école en plein jour prétendument parce qu'il s'est senti mal soudainement et qui réussit à faire croire ce scénario à ses parents enfreint la règle qui régit l'absentéisme avec « d'apparentes » bonnes raisons que personne ne peut vérifier. Il y a aussi ceux qui ne se formalisent pas trop des exigences des enseignants et qui usent de leur charme pour que leurs « écarts de conduite » soient sans conséquence.

D'autres font un type de calcul différent en concluant que la conséquence prévue au code vaut bien le délit. Par exemple, une adolescente qui arrive fréquemment en retard le matin cumule des retenues qui se font durant les jours de congé. Cela ne lui cause aucun problème, car elle préfère se lever tard même si elle sait qu'elle passera une partie de la prochaine journée de congé à l'école. En effet, les amis qu'elle voit durant ces journées de congé sont aussi des lève-tard et ils ne peuvent sortir ensemble qu'au retour de la retenue. Elle s'offre donc de longues périodes de repos le matin et accepte de devoir passer quelques heures à l'école durant les jours de congé.

Mathieu a remis un travail un peu bâclé et n'a pas respecté la règle du double interligne exigée par l'enseignante. Son explication : son chien a joué dehors hier soir après la pluie, et en entrant dans la maison, il s'est secoué si vigoureusement que sa bave et de l'eau de pluie se sont retrouvées sur la copie de Mathieu. La copie s'est froissée quand il a tenté de la nettoyer, sa mère a refusé qu'il refasse son travail au propre parce qu'il était trop tard, ce qui l'a obligé à le recopier rapidement ce matin dans l'autobus. Et l'enseignante, qui ne croit pas un mot de son histoire, se dit tout de même : « Et si c'était vrai ? Pauvre Mathieu, je ne peux pas le pénaliser pour cela ! » Victoire pour Mathieu et ignorance intentionnelle de l'enseignante…

Tant que les conséquences ne sont pas trop fâcheuses, les parents ont tout intérêt à soutenir le milieu scolaire et les règles établies... ainsi que le jeune qui doit les respecter. Certes, ce dernier a besoin de s'opposer aux adultes pour s'en affranchir. Il s'oppose là où les parents exigent le plus. Il tente de repousser les limites pour construire son identité. Celui qui réussit toujours et qui enfreint les règlements sans en subir les conséquences a de fortes chances de poursuivre sa recherche des limites... souvent jusqu'au poste de police. Dans ce contexte, à la maison comme à l'école, il est important que ce dernier suive un code de vie ainsi que des règles claires, constantes et cohérentes. Pour le développement de l'enfant, les vertus de la discipline ne sont plus à démontrer, mais on sait combien il est difficile de la faire respecter à l'école si l'on n'a pas instauré un tel cadre disciplinaire à la maison et si, comme parents, on n'exige pas le respect des règles établies.

Astuce

Il est important d'instaurer à la maison certains règlements auxquels le jeune pourra s'opposer autant qu'il le voudra sans devoir le faire sur le terrain scolaire. En effet, il est difficile de respecter les règles et l'autorité à l'école pour un jeune qui n'a pas de règles à suivre à la maison et qui a un statut d'enfant-roi. Un tel enfant s'opposera là où il le pourra, et donc à l'école s'il n'a pas d'autres terrains où s'opposer. En définitive, cela aura beaucoup plus de conséquences sur son développement que s'il argumente parce qu'il ne veut pas faire son lit le matin !

Quelles règles respecter ?

Lorsqu'on invite un couple d'amis à la maison avec leurs enfants et que ceux-ci n'ont pas les mêmes règles d'éducation que les nôtres, on peut rapidement se retrouver dans une situation embarrassante, même si elle n'a rien d'exceptionnel. Par exemple, l'enfant de nos meilleurs amis se met à sauter sur nos fauteuils après avoir marché pieds nus dehors. Cela peut être fort gênant, surtout si les parents n'interviennent pas comme on le souhaiterait. On peut se demander comment réagir sans les froisser. Bien que très déplaisante, cette situation est pourtant riche sur le plan éducatif. En effet, c'est l'occasion par excellence d'enseigner à l'enfant que les règles sont différentes selon les contextes et les gens que l'on côtoie. Le savoir-vivre est un ensemble de règles auxquelles toute personne « bien élevée » doit se plier pour vivre en harmonie avec les autres. L'une de ces règles nous dicte de respecter le bien d'autrui, et les enfants ont tout avantage à l'apprendre s'ils veulent aussi être traités avec respect.

Lorsqu'on est invité chez quelqu'un, on doit se conformer au « code de vie » qui y prévaut. Pour ce faire, il incombe à l'hôte de nous signifier avec délicatesse les préceptes minimaux auxquels il tient, afin d'éviter les tensions entre convives. Grâce à cela, on n'a pas à renoncer ultérieurement à inviter telle ou telle personne parce qu'elle ne sait pas vivre, ce qui serait très dommage, surtout quand il s'agit de bons amis ! Chacun est maître chez soi et, en ce sens, il faut avoir le courage de ses convictions… et de ses exigences.

Cela étant dit, comment formuler ses préceptes sans froisser personne ? Le mot « je » est ici d'un grand secours. Il a l'avantage de ne pas accuser, mais plutôt de bien faire entendre notre désir. Dans la situation que nous avons évoquée, vous pourriez dire : « Je préférerais que les enfants ne mettent pas leurs pieds sur les fauteuils. » Vous pourriez vous justifier et expliquer la raison de votre attitude, mais cela ne devrait pas être nécessaire s'il s'agit de « gros bon sens ». Vos valeurs personnelles justifient cette règle, qui vaut pour tous les membres de la famille vivant sous votre toit. Si vous demandez à vos propres enfants de faire attention au mobilier, il est normal que les enfants de vos amis en fassent autant.

Le fait de parler à vos amis leur permettra de régler eux-mêmes ce problème avec leur enfant, tout comme ils doivent le faire quand ils lui demandent de baisser le ton chez grand-maman parce qu'elle supporte mal les cris.

Que l'enfant le veuille ou non, il doit apprendre à s'adapter aux exigences de son entourage. C'est d'ailleurs ce qu'il fait à l'école où, d'une année à l'autre, il doit s'adapter à un nouvel enseignant qui établit ses règles de manière plus ou moins stricte, selon sa personnalité et ses valeurs. C'est la même chose lorsqu'il va chez des gens et que les règles diffèrent de celles qui prévalent chez lui.

Il s'agit d'une simple question de respect. Après tout, la capacité de s'adapter à différentes situations n'est-elle pas un des meilleurs indicateurs de l'intelligence ?

Les bonnes manières

On se demande parfois s'il existe un code des bonnes manières qui soit encore valable aujourd'hui, qui s'appliquerait tant à la maison qu'en société et à l'école, et qu'on pourrait enseigner aux enfants. Quel adulte, voire quel enseignant, n'est pas ému par un enfant qui le salue poliment ou qui prend le temps de le remercier ? Contrairement à ce que d'aucuns pensent, la politesse est toujours une valeur fondamentale de la vie en société. Les règles de politesse existent dans toutes les cultures et ne devraient pas être remises en question si elles font partie des valeurs que la société et les parents veulent transmettre aux enfants. Sans être obsédés par l'étiquette, les parents doivent donc enseigner à leurs enfants certaines règles de base, dont une politesse élémentaire à laquelle s'attend la société.

Voici maintenant dix règles de politesse qu'il convient d'enseigner à l'enfant afin qu'il acquière un minimum de civisme, tant à la maison qu'en société et à l'école. Nul doute que ces règles l'aideront à se faire apprécier lorsqu'il sera reçu chez ses amis.

1. Dire « bonjour » et « au revoir » lorsqu'on rencontre quelqu'un ou que l'on quitte un endroit.
2. Dire « s'il vous plaît » et « merci » quand les circonstances l'indiquent.
3. Présenter ses excuses quand on fait un geste qui a dérangé ou blessé quelqu'un.
4. Ne pas couper la parole à quelqu'un qui parle ou prendre le temps de s'excuser d'abord lorsqu'on doit absolument le faire.
5. Manger la bouche fermée.
6. Ne pas parler la bouche pleine.
7. Utiliser le vouvoiement lorsqu'on s'adresse à une personne qu'on ne connaît pas, à une personne plus âgée ou qui représente l'autorité.

8. Demander la permission avant d'utiliser un objet qui ne nous appartient pas.
9. Présenter la personne qui nous accompagne aux gens qui ne la connaissent pas.
10. Enlever sa casquette ou son chapeau à l'intérieur. Le fait d'interdire aux garçons de porter une casquette à l'école ou de leur demander de l'enlever à l'intérieur de la maison n'est pas démodé, au contraire. C'est même la moindre des choses !

À vous, maintenant, de trouver les dix suivantes !

Par ailleurs, on peut se demander s'il existe des règles de politesse qui sont les mêmes partout dans le monde. En fait, on les utilise couramment aussi bien en Amérique qu'en Europe. Mais n'empêche : chaque région du monde a ses propres règles de bienséance et certaines peuvent surprendre à l'occasion. Comme l'enfant qui s'adapte à un nouveau milieu doit tenter d'en respecter les règles, celui qui voyage cherche à respecter les us et coutumes de ses hôtes, même si cela devient parfois embarrassant. Au Maroc, par exemple, éructer à la fin d'un repas signifie que l'on a apprécié les mets qui ont été servis, un geste qui serait perçu différemment ailleurs.

Les enfants apprennent plus facilement quand ils observent les autres qui agissent autour d'eux. Dans ce contexte, la force du modèle parental est primordiale pour inculquer la politesse.

Des mots et des règles

L'enfant lance parfois de gros mots, voire des jurons, qu'il n'apprend pas toujours à la maison. Les parents se demandent alors quelle attitude adopter : faut-il le réprimander ou faire la sourde oreille ?

Quel parent n'a pas grincé des dents en entendant ces gros mots dans la bouche de son enfant ? À moins que ces jurons fassent partie du langage utilisé à la maison, ils sont simplement l'écho de ce que l'enfant a entendu à un moment ou à un autre, écho qui devrait s'en aller comme il est venu si l'on sait réagir sans accorder une importance démesurée à cette situation.

Le jeune enfant est souvent frappé par l'intensité qu'expriment ces mots interdits et il cherche à reproduire cet effet. C'est pourquoi il ne faut pas réagir trop vivement. Au contraire même, il vaut mieux passer outre en soulignant à l'enfant qu'il existe d'autres mots pour marquer l'intensité de ce qu'il a à dire.

Par ailleurs, que cela nous plaise ou non, il faut bien reconnaître que ce type de langage fait parfois partie du patrimoine, du moins en privé. Dans plusieurs milieux, on utilise les jurons pour exprimer autant la joie que la frustration, l'étonnement que la colère. Or, comment s'insurger contre les enfants quand leurs modèles – les parents notamment – emploient abondamment ce genre de vocabulaire ?

Tout dépend du milieu d'où l'on est issu et force est de constater que les enfants apprennent surtout ce qu'ils voient et entendent. Cela est encore plus vrai lorsqu'ils sont très jeunes et donc en plein apprentissage du langage.

Sur un autre plan, il faut bien considérer que le recours aux jurons s'explique souvent par la pauvreté de la langue transmise aux enfants. C'est en leur apprenant les « mots pour le dire » et en les encourageant à recourir à des phrases complètes et nuancées qu'on leur permet d'en dire autant et d'exprimer finalement le fond de leur pensée sans écorcher les oreilles des autres.

Même si l'on ne « jure » pas à la maison, le fait de négliger l'utilisation d'un vocabulaire nuancé et riche en superlatifs et en interjections acceptables laisse souvent toute la place à ce langage « coloré ». On ne peut pas non plus exiger des enfants élevés dans un milieu où les jurons sont très fréquents d'éviter ces écarts de langage. Par ailleurs, il faut souligner encore une fois que le fait de réprimander sévèrement l'enfant qui teste l'effet d'un gros mot sur son entourage peut l'encourager à récidiver lorsqu'il voudra de nouveau provoquer quelqu'un.

En revanche, une bonne façon de redonner sa pleine valeur à une langue qu'on peut parfois estimer appauvrie et de limiter ces écarts de langage consiste à enrichir le vocabulaire de l'enfant en prenant le temps d'avoir avec lui des conversations soutenues sur différents sujets.

Respecter le bien d'autrui

Aux yeux des adultes, tout vol est évidemment condamnable. Pour un jeune enfant – bien qu'il fasse la différence entre ce qui lui appartient ou pas –, le fait de prendre ce qui n'est pas à lui, de le cacher et de nier son geste jusqu'à ce qu'il soit dénoncé n'a pas la même signification parce que son sens moral n'est pas encore bien développé. Il faut donc éviter de laisser des objets de valeur à sa portée. Il pourrait s'en emparer tout simplement parce qu'il en a envie. C'est généralement autour de 7 ou 8 ans que l'enfant comprend vraiment l'aspect répréhensible du vol parce qu'il devient moins égocentrique. C'est ainsi qu'il peut se mettre à la place de l'autre et prendre davantage conscience de la gravité de ses gestes. Avant cet âge, il agit sous le coup de l'impulsion et seules les conséquences lui apprendront qu'il a commis une faute.

Si, par exemple, un enfant prend une somme d'argent qui se trouve sur le bureau de son enseignante, on doit se demander s'il connaît la valeur de l'argent avant de l'accuser de vol. S'il ne prend que quelques sous, son geste doit-il être condamné sévèrement ? Dans un cas comme dans l'autre, on doit demander à l'enfant de rendre l'objet de son larcin ; mais il faut savoir que demander de « réparer » ne signifie pas de l'humilier. C'est pourtant ce qui se passerait si l'enfant qu'on veut punir était envoyé dans un local en retrait ou gardé en retenue dans un corridor, avec tout ce que cela implique quant à ses relations avec les autres élèves, car ceux-ci auront tôt fait de connaître les raisons de cette situation qui n'a aucun rapport avec l'événement ayant mené à la punition. Il n'est pas justifié d'imposer une punition qui aurait cet effet sur l'enfant, parce que l'humiliation n'est pas une solution. Au contraire, le fait d'avoir volé de l'argent à l'école ne fait pas nécessairement de l'enfant un voleur, alors que cette punition lui fera porter cette étiquette, ce qui est bien plus grave.

Ceci étant dit, il faut savoir distinguer le geste « innocent » du véritable vol pour pouvoir agir en toute connaissance de cause. Le « vol » chez l'enfant est souvent le signe d'un malaise. Il prend ce qu'il estime lui être dû, l'objet choisi étant le plus souvent symbolique. Il s'agit aussi parfois d'expériences « pour voir ce qui va arriver ensuite ». Le sens de ces larcins est bien différent pour chacun, mais quoi qu'il en soit, il n'a pas la même valeur que pour l'adulte. Il faut tenter de comprendre pourquoi l'enfant commet ce geste et profiter de l'occasion pour discuter avec lui de l'honnêteté et de la propriété d'autrui, valeurs qu'il doit respecter pour vivre en harmonie avec les autres.

Voici quelques conseils à mettre en pratique lorsque cette situation se produit.

- Discuter avec les tiers concernés afin d'agir de manière juste et concertée.
- Éviter de condamner l'enfant et de lui coller d'emblée l'étiquette de « voleur ».
- Demander qu'il répare son geste sans l'humilier. Par exemple, il pourrait aller rendre lui-même l'objet en question et présenter ses excuses.
- Prendre du temps pour discuter avec lui des motifs de son geste et des valeurs importantes pour votre famille.
- Si, malgré tout, ce genre de situation se répète, ne pas hésiter à consulter.

› Savoir partager et coopérer

L'école est l'endroit par excellence pour apprendre à vivre en société. Le fait qu'il faille absolument apprendre à y vivre en groupe implique l'importance de savoir partager. Dès la garderie, les enfants apprennent à partager les jouets, l'attention de l'éducatrice et même les idées et les émotions qu'ils expriment lors des causeries de groupe proposées pour les amener à « se dire » et à écouter les autres. Partager peut prendre différentes formes et cela exige de chacun des efforts différents, selon les conditions dans lesquelles il a grandi.

L'enfant unique, qui n'a eu que peu d'expériences de socialisation avant d'entrer à l'école, a souvent plus de difficultés à partager avec ses compagnons que celui qui le fait déjà depuis longtemps au sein de sa fratrie ou qui a eu la chance de développer ce type d'habiletés à la garderie. L'enfant qui arrive à l'école sans avoir appris à partager peut rapidement se sentir dépossédé ou esseulé du fait de se retrouver « un parmi tant d'autres » au sein d'un groupe. Le respect, le partage et la coopération sont les ingrédients essentiels d'une bonne intégration sociale, facteur déterminant pour mieux vivre l'école et sa vie en général.

Prendre sa place sans prendre toute la place

Respecter son voisin constitue l'une des règles fondamentales d'une adaptation sociale réussie. Il est en soi très acceptable et même souhaitable qu'un enfant sache s'affirmer et prendre sa place. Cela devient un problème quand cette belle qualité de leader empiète sur la liberté et la place des autres. Les enfants doivent apprendre à bien utiliser cette habileté toute spontanée d'affirmation afin de conserver l'estime de leurs compagnons et d'entretenir avec eux des relations harmonieuses. Diriger, c'est s'affirmer ; mais si on ne tient pas compte de l'autre, si on ne le respecte pas, cela peut devenir très irritant pour l'entourage qui cherche aussi à prendre sa place. Cette attitude de domination cache bien souvent des sentiments d'insécurité, tout comme c'est le cas chez bien des adultes.

Autour de 7 ou 8 ans, les enfants apprennent à se décentrer de leur point de vue et à admettre celui de l'autre, ce qui leur permet de développer de meilleures habiletés sociales. Comme nous l'avons dit précédemment, c'est à cet âge qu'ils deviennent moins égocentriques. L'apprentissage du compromis et de la coopération devient alors possible au quotidien. Partager des idées et des activités où chacun a une place devient ainsi plus facile pour l'enfant. Il saisit alors que sa liberté s'arrête là où commence celle de l'autre, et ce, sans perdre son identité ni sa valeur.

Voici quelques suggestions pour aider l'enfant à respecter l'autre, tout en l'encourageant à prendre sa place pour favoriser une meilleure coopération.

- Discuter avec lui de vos observations. Lui signifier votre fierté de le voir ainsi s'affirmer, mais aussi l'aider à se rendre compte qu'il est important de bien exposer ses idées et enrichissant de profiter de celles des autres. Se servir du quotidien pour lui faire apprécier la valeur de l'adage selon lequel deux têtes valent mieux qu'une.
- L'encourager à se mettre à la place de l'autre qui a, lui aussi, un point de vue à donner et qui a envie d'être entendu. Comment réagirait-il si d'autres voulaient tout décider à sa place ? Comment se sentirait-il ?
- Lui permettre à l'occasion d'organiser lui-même une activité ou de faire valoir ses idées en prenant un rôle de leader, tout en lui signifiant que, cette fois, c'est « son tour ».
- Convenir avec lui d'un signe discret qui l'aidera à freiner son impétuosité quand ses qualités de chef empièteront un peu trop sur la liberté des autres.
- Éviter le piège des renforcements négatifs quand il adopte un comportement de meneur et renforcer plutôt ses efforts pour laisser de la place aux autres.
- Encourager ses frères, sœurs et amis à s'affirmer devant lui quand il tente de tout contrôler.

- L'encourager à faire confiance aux autres qu'il sous-estime parfois en cherchant à tout décider lui-même.
- Utiliser l'humour pour lui rappeler sa juste place, plutôt que d'adopter vous-même des attitudes de domination à son égard.
- Lorsqu'il tient à son point de vue et qu'il a du mal à laisser de la place aux autres, l'aider en reformulant son point de vue : « Tu aimerais bien que… ». Puis, donner la parole aux autres qui ont aussi le droit de s'exprimer.

Partager, coopérer, s'intégrer… un grand défi pour certains

Le travail d'équipe fait partie des méthodes utilisées à l'école pour apprendre aux enfants à s'organiser en groupe et à échanger de l'information. C'est aussi un bon moyen de stimuler la coopération entre élèves. Pourtant, dans chaque classe, il se trouve des enfants qui peinent à s'intégrer au groupe. En fait, il y en a deux catégories : les enfants rejetés, ceux dont aucune équipe ne veut, et les enfants ignorés, qui sont tout bonnement oubliés, laissés dans un coin.

Les **enfants rejetés** sont souvent des enfants différents des autres. Certains ont un léger handicap, une particularité comme un bégaiement ou des difficultés d'apprentissage. D'autres ont un comportement immature, impulsif et perturbant pour l'ensemble de la classe. Ce qui les distingue du groupe est à l'origine de la réaction de rejet.

Les **enfants ignorés** ont quant à eux peu d'habiletés sociales. Souvent timides et passifs, ils n'entrent pas en relation avec leurs pairs et, de ce fait, sont tenus à l'écart. Leurs condisciples ne refusent pas vraiment leur présence : ils ne se soucient tout simplement pas d'eux ou les oublient. Même s'ils ont de bons résultats, les enfants ignorés tentent d'éviter les contacts... sauf avec les adultes dont ils recherchent la présence, car cela les sécurise.

Avant tout, il est nécessaire de comprendre les raisons pour lesquelles un enfant n'arrive pas à s'intégrer dans une équipe pendant les travaux scolaires et de trouver des moyens de l'aider. Celui qui a un trouble d'apprentissage qui l'empêche de participer aux activités au même titre que les autres devrait pouvoir compter sur l'enseignant pour l'aider à trouver sa place. Celui-ci pourrait, entre autres, proposer à l'équipe de partager les rôles différemment, au mieux des compétences de chacun une fois que les idées et connaissances de tous les coéquipiers ont été mises en commun. Si l'enfant est plus à l'aise en dessin qu'en français, il pourrait se voir confier l'aspect visuel d'une recherche au lieu de la rédaction du texte. L'enseignant pourrait aussi voir à ce qu'un enfant plus inhibé que les autres soit soutenu par un de ses pairs, un ami désigné par l'enseignant et dont la tâche serait d'aider l'enfant en difficulté à s'intégrer au groupe.

Pour ce qui est de l'enfant impulsif, c'est en discutant avec son enseignante ou ses parents qu'il peut comprendre pourquoi son comportement risque de déranger l'équipe. En fait, il doit savoir qu'en coupant la parole sans écouter les autres, en s'agitant constamment et en refusant de coopérer, il provoque le rejet non pas de sa personne, mais de son attitude. Un jeune qui manque de maturité peut avoir tendance à faire le clown pour cacher son anxiété, par exemple en modifiant systématiquement sa voix pour répondre à une question. On peut lui expliquer que cela lui donne un air puéril et ridicule aux yeux de ses amis et lui conseiller de raconter plutôt de vraies blagues. En prenant conscience de son attitude, il franchit un premier pas.

Dans le cas contraire, lorsqu'il s'agit d'un enfant timide, isolé et malheureux, quelques activités réalisées en dehors de la classe peuvent lui apporter de l'assurance. Il faut rechercher des activités informelles qui favorisent l'échange : bricolage, arts plastiques, échecs… Il faut aussi encourager l'enfant à téléphoner à des amis pour les inviter à l'occasion de sa fête ou aux membres de son équipe à travailler sur leur recherche. Les enfants timides ont besoin de se faire accompagner dans leur démarche. Ils évoluent pas à pas vers l'affirmation de soi. Dans tous les cas, il faut se souvenir que, sur le plan personnel, travailler en équipe est toujours plus exigeant que de réaliser seul un projet. Les différences individuelles jouent un grand rôle dans les capacités que nous avons à travailler efficacement en groupe. Il faut apprendre à coopérer, ce qui n'est pas simple quand on a un caractère de meneur ou qu'au contraire, on a du mal à prendre sa place au sein d'un groupe. La vie scolaire est très exigeante sur ce plan puisqu'elle demande de nombreux travaux d'équipe ; or, il s'agit là d'une façon de travailler qui est souvent très difficile pour que chacun y trouve son compte alors qu'on enseigne peu comment le faire.

Ultimement, coopérer, c'est travailler ensemble pour mener à terme un projet commun à tous. On sait déjà à quel point est complexe la seule idée du « projet commun à tous ». Comment chacun peut-il s'intéresser de la même façon au même sujet ? Dès le départ, on sollicite le rêve et le renoncement. Ensuite, il faut planifier et partager les tâches et les responsabilités de chacun en fonction de leurs champs d'intérêt, de leurs compétences et de leurs habiletés. La tâche est difficile quand il s'agit d'enfants très inégaux sur ces plans et qui ne connaissent pas encore bien leurs forces et leurs faiblesses. Vient ensuite l'étape qui consiste à trouver du temps et des lieux pour mener à terme ces projets communs qui, lorsqu'ils doivent se faire hors de l'école, deviennent souvent un casse-tête pour les parents qui doivent en tenir compte dans la gestion du temps de la famille. De tels projets exigent non seulement la coopération des enfants entre eux, mais également celle des parents qui, dans certains cas, finissent par assumer eux-mêmes une partie du travail, et cela afin d'éviter toutes les injustices inhérentes à ces travaux d'équipe souvent bien peu encadrés pour les enfants du primaire.

Il ne s'agit pas ici de jeter le blâme sur les enseignants qui exigent de tels travaux de leurs élèves, mais bien de montrer à quel point il est difficile d'instaurer la coopération à l'école. Il est important de bien l'enseigner et de l'encadrer pour éviter les grincements de dents. Il ne faut pas sous-estimer cette belle valeur qu'est la coopération entre pairs.

Riche en apprentissages de toutes sortes, le travail d'équipe oblige les élèves à apprendre à discuter lorsque surviennent des désaccords sur le plan des idées ou du partage des tâches. Encore faut-il identifier ce qui ne fonctionne pas et trouver des pistes de solution pour sortir de l'impasse, ce qui n'est pas simple. Puisque discuter avec l'autre oblige à la cohérence, l'exercice est très formateur, mais particulièrement difficile pour ceux et celles qui ont besoin de prendre toute la place et qui ont du mal à renoncer à tout diriger. Cela est aussi très difficile pour ceux qui n'osent pas, qui croient ne pas avoir d'idées ou qui ont du mal à les mettre en mots, autant que pour ceux qui n'ont pas d'amis, etc. Les habiletés d'intégration sociale sont un atout de taille dans le monde scolaire d'aujourd'hui. De nombreux enfants souffrent de tous ces travaux d'équipe qu'on aurait avantage à mieux encadrer, les habiletés exigées étant loin d'être innées !

Astuce

Le message au « je » constitue un bon moyen pour exprimer à l'autre ou devant un groupe son insatisfaction. Alors que le « tu » ou le « vous » peuvent être perçus comme étant accusateurs et risquent de soulever les défenses de celui qui reçoit le message, le « je » a l'avantage de permettre à une personne d'exprimer sa position, ses sentiments et ses perceptions sans accuser les autres. Par exemple, il est préférable de dire « J'aimerais donner mon avis » plutôt que « Vous ne m'écoutez pas » !

Mieux vivre l'école et bien vivre en société plus tard passe nécessairement par le « bien vivre en groupe ». La vie scolaire est sans contredit un lieu très riche en expériences pour acquérir les habiletés sociales requises à la vie de groupe. Les activités parascolaires ou le simple fait « d'aller jouer dehors avec les autres » sont aussi des moments beaucoup plus importants qu'il n'y paraît à première vue dans le développement de l'enfant. De nos jours, Internet et les jeux vidéo sont des moyens fort appréciés des jeunes pour être en contact. Bien que ces médias semblent prendre une place disproportionnée dans leurs intérêts, les couper de ces outils pour éviter qu'ils ne s'y enferment peut contribuer à les maintenir hors d'un réseau social… véritable. Quoi qu'il en soit, il est fondamental d'encourager l'enfant à tisser des liens avec ses pairs (de différentes façons, notamment par ces moyens qu'on doit tout de même encadrer comme parents). Dans cette perspective, les activités sociales sont tout aussi déterminantes d'un « mieux vivre l'école » que l'application aux devoirs et aux leçons puisqu'elles contribuent largement à une intégration scolaire et sociale réussie.

Voici une liste de comportements susceptibles d'indiquer la présence de difficultés à **savoir s'intégrer**. Les comportements mentionnés peuvent avoir d'autres explications. Toutefois, on peut penser que plus on relève de symptômes par rapport à ce savoir, plus il est important de chercher des moyens d'aider l'enfant à acquérir des habiletés dans ce domaine.

On peut penser que l'enfant a des difficultés à s'intégrer si :

- ✓ il n'a pas de véritables amis, il n'a que des connaissances ;
- ✓ il n'est pas vraiment accepté par les autres parce qu'il est plutôt ignoré ou rejeté en classe ;
- ✓ il ne participe pas à des activités qui mettent ses compétences à l'honneur ;
- ✓ il a du mal à prendre soin de lui, à se laver ou à s'habiller correctement ;
- ✓ il a du mal à respecter ses compagnons ou ceux qui présentent une différence ;
- ✓ il a du mal à respecter ses enseignants ;
- ✓ il a du mal à respecter les règlements à la maison et à l'école ;
- ✓ il a du mal à respecter le matériel à l'école ;
- ✓ il a de la difficulté à prendre sa place dans un groupe ;
- ✓ il a de la difficulté à partager avec ses compagnons ;
- ✓ il a de la difficulté à laisser de la place aux autres ;
- ✓ il a de la difficulté à attendre son tour ;
- ✓ il ne prend pas plaisir à rendre service ;
- ✓ il ne prend pas ses responsabilités ;
- ✓ il ne respecte pas les échéances qui lui sont données.

Savoir apprendre

Pour mieux vivre l'école, il faut évidemment savoir apprendre. De la même façon que les capacités d'apprentissage ne suffisent pas pour être heureux à l'école, les attitudes favorables aux apprentissages, les habiletés sociales et les savoirs de toutes sortes ne sauront permettre à l'enfant de s'épanouir à l'école s'il y éprouve de véritables problèmes d'apprentissage. Il suffit parfois que l'enfant n'ait pas développé d'attitudes favorables pour qu'il n'ait pas accès à tout son potentiel intellectuel; il peut en effet avoir beaucoup de difficultés à apprendre s'il n'a pas confiance en lui, s'il démissionne devant l'effort ou s'il s'oppose à tout ce qui lui est demandé par un représentant de l'autorité. Celui qui n'arrive pas à s'intégrer socialement peut aussi éprouver de telles difficultés, comme celui qui vit des circonstances particulières au sein de sa famille (maladie, décès, divorce, violence, etc.). Par ailleurs, certains enfants vivent dans un environnement qu'on peut qualifier d'« idéal », en ce sens que toutes les conditions semblent en place pour qu'ils apprennent sans difficulté; toutefois, dans leur cas, ce sont les habiletés d'apprentissage elles-mêmes qui sont en cause et qui freinent l'accès à la connaissance et la réussite scolaire.

Pour apprendre, outre les conditions de vie dont nous venons de parler, il faut avoir un cerveau en bon état et, conséquemment, un minimum d'intelligence ainsi que la capacité de s'en servir, ce à quoi peuvent nuire un déficit de l'attention (menant à des **difficultés d'apprentissage** qui, par définition, ne seront que passagères si l'on traite ce qui les cause) ou des **troubles d'apprentissage** comme une dyslexie/dysorthographie, une dyscalculie ou une dyspraxie (qui, par définition et contrairement aux difficultés, persistent malgré les interventions adaptées que l'on met en place)[1]. Il faut aussi **vouloir le faire** (ce qui n'est possible que si l'enfant sait **qu'il peut le faire** et **pourquoi il le fait**) et savoir **comment le faire**. Chez nombre d'enfants, ces habiletés d'apprentissage sont intactes et efficientes dès le départ. Elles fonctionnent sans qu'ils en aient conscience. De leur côté, ceux qui présentent des difficultés ou des troubles d'apprentissage doivent apprendre « comment apprendre », en tenant compte de leurs forces et de leurs difficultés, s'ils veulent réussir à l'école. Cela demande beaucoup de temps, d'efforts et de savoir-faire de la part de tous les intervenants en cause, c'est-à-dire de l'enfant lui-même, de ses parents, de son enseignant et des professionnels qu'il rencontrera tout au long de son parcours scolaire.

1 Pour plus de détails concernant le savoir apprendre, les styles cognitifs, les difficultés et les troubles d'apprentissage, nous référons le lecteur aux livres de Marie-Claude Béliveau, *Dyslexie et autres maux d'école – Quand et comment intervenir* et *Au retour de l'école… La place des parents dans l'apprentissage scolaire*, publiés aux Éditions du CHU Sainte-Justine. De plus, en annexe du présent ouvrage, nous reprenons le portrait fonctionnel contenu dans *Dyslexie et autres maux d'école* afin d'aider le lecteur à repérer des indices de difficultés ou de troubles d'apprentissage.

› Comment apprendre ?

Le cerveau qui nous permet d'emmagasiner et de traiter l'information fonctionne grâce à l'interaction de deux hémisphères complémentaires ; l'un est reconnu comme étant le siège de l'intelligence verbale et l'autre, celui de l'intelligence non verbale. Le premier est principalement en cause dans le traitement de l'information verbale (ce qu'on dit, ce qu'on comprend de ce qu'on nous dit et ce qu'on se dit en soi pour s'aider à comprendre ou pour réfléchir) et l'autre, de l'information non verbale (ce qu'on voit, ce qu'on ressent, ce qu'on imagine). Pour bien apprendre, il faut que nos sens (la vue et l'ouïe) soient intacts ou corrigés (au besoin grâce à des lunettes ou à des prothèses auditives). Il faut aussi que notre fonctionnement cognitif nous permette de nous servir de notre intelligence à sa pleine mesure soit, notamment, de comprendre et d'emmagasiner l'information qui nous est transmise par ces sens. L'enfant doit être en mesure de capter l'information et de la faire voyager entre ses hémisphères cérébraux pour la comprendre et la mémoriser (voir la figure en page 113) ; il doit pouvoir se faire des images mentales de ce qu'il entend et se parler de ce qu'il voit. C'est ce qu'on appelle la représentation mentale de ce qui a été vu ou entendu. L'élève peut comprendre suffisamment ce qu'il voit et entend et est en mesure d'en témoigner à l'aide du langage oral ou écrit par un jeu de mentalisation active entre ses systèmes de représentation mentale verbal et non verbal.

Une harmonie minimale entre ces deux hémisphères (verbal et non verbal) est donc essentielle pour apprendre. Celui qui ne pense qu'en images ne peut pas réussir à l'école puisqu'il ne peut pas témoigner avec des mots de ce qu'il voit et comprend « en images » dans sa tête. De la même façon, celui qui ne fait que se répéter ce qu'il a lu ou entendu lorsqu'il étudie ne peut pas se faire de représentation mentale imagée de ce qu'il entend, ce qui limite sa compréhension. Il apprend « par cœur » et risque fort d'être dépourvu si, dans un contexte différent, on le questionne sur la notion ainsi apprise.

Regardons maintenant de façon un peu plus détaillée comment l'enfant apprend.

Les systèmes de représentation mentale

Pour comprendre…

L'enfant qui écoute une consigne donnée par son enseignant ne la comprend que s'il se construit mentalement une image de ce que signifie cette consigne. Ainsi, l'enseignant qui demande aux élèves de se regrouper en équipes de trois pour faire un travail peut facilement identifier ceux qui n'ont pas « écouté » quand il donne le signal d'exécution de la consigne. En effet, l'enfant qui ne se fait pas d'images mentales en entendant cette consigne se retrouve inévitablement surpris quand il voit tout à coup ses collègues de classe se lever pour se regrouper en équipes. Il a bien entendu les mots, mais il ne les a que partiellement compris. Il sait vaguement qu'il faut former des équipes… Mais quand ? De combien ? Pourquoi ? Il se fie alors aux autres. Cette attitude n'est pas nécessairement due à un déficit de l'attention comme on pourrait le penser en regardant agir cet enfant, bien qu'elle puisse aussi l'être.

Pour mémoriser…

Grâce au jeu de transfert entre les hémisphères, donc de traduction d'un mode de représentation mentale à l'autre (du verbal au non verbal et vice-versa), l'information passe de la mémoire à court terme à la mémoire à long terme, ce qui est évidemment souhaitable quand on veut comprendre et retenir ce que l'on nous a enseigné. L'information, emmagasinée sous forme de mots ou d'images, doit donc « voyager » entre les deux hémisphères tout en étant traduite d'un mode à l'autre.

Pour apprendre…

On comprend et on retient mieux l'information qu'on a lue ou entendue si l'on s'en fait une image mentale ou si on l'accompagne d'une image qui nous revient en mémoire quand on tente de se rappeler ce qui nous a été dit ou ce qu'on a lu. De la même façon, on se souvient mieux d'une image, d'un schéma ou d'un tableau qu'on a vu si on prend le temps de s'en parler à soi-même au moment où on le regarde. Cela nous aide à reconstituer par la suite l'image parce qu'on peut se rappeler les détails, leur ordre et l'emplacement de chacune des parties du tout. Cela est possible si on est en mesure de se répéter ce qu'on s'en est dit au moment même où on l'observait.

Les processus cognitifs dans le traitement de l'information

Les systèmes de représentation mentale permettent de se *représenter* l'information qui est d'abord perçue par nos sens, généralement par la vue et l'ouïe dans le cas de l'apprentissage scolaire, donc principalement en mots ou en images, selon le système le plus efficace chez chacun. Il existe aussi des procédés de traitement de l'information qui fonctionnent ensemble, comme les systèmes de représentation mentale verbale et non verbale le font pour permettre l'apprentissage. Nous traitons l'information, représentée de façon plus verbale ou plus visuelle, à l'aide de processus cognitifs de traitement de l'information tout aussi complémentaires : il s'agit des **processus cognitifs** responsables du traitement **séquentiel** et **simultané** des informations. Pour alléger le texte, nous utiliserons ici les termes **processus séquentiels** et **processus simultanés**[2].

Les **processus séquentiels** sont actifs dans le traitement linéaire et analytique de l'information, tandis que les **processus simultanés** permettent de traiter l'information dans son ensemble. Les processus séquentiels traitent les parties du tout, détail par détail et de façon chronologique, alors que les processus simultanés traitent l'information d'une façon globale, en donnant préséance au tout plutôt qu'aux parties qui le composent[3].

Stratégies d'enseignement et d'apprentissage

L'expérience nous permet de constater que de nombreux enfants déploient beaucoup d'efforts pour apprendre à partir de *stratégies d'apprentissage* qui ne sont pas conformes à leur

2 Une définition de ces processus de traitement de l'information ainsi que des conseils quant à leur utilisation pour les devoirs et les leçons sont donnés dans l'ouvrage *Au retour de l'école... La place des parents dans l'apprentissage scolaire*, Éditions du CHU Sainte-Justine, 2004, p. 97 à 103.

3 *Ibid.*

style cognitif. Ils ont adopté des moyens qu'on leur a donnés même s'ils ne sont pas les plus appropriés pour eux.

Chacun privilégie donc plus ou moins un mode de représentation mentale et certains processus de traitement de l'information pour traiter les stimuli qui lui sont présentés. En fonction de cela, on peut définir quatre types de styles cognitifs (séquentiel verbal, séquentiel non verbal, simultané verbal et simultané non verbal), à partir desquels élèves et enseignants trouvent leurs façons de faire. Cela mène à des stratégies d'apprentissage pour l'élève et à des stratégies d'enseignement pour l'enseignant.

Nous définissons ici les *stratégies d'apprentissage* comme étant l'ensemble des moyens qu'une personne a développés pour apprendre. Le style de chacun s'établit en combinant le système préférentiel de représentation mentale (verbal ou non verbal) aux processus privilégiés pour traiter l'information (de façon séquentielle ou simultanée), compte tenu de son style cognitif et de ce qu'il en a fait au fil des ans. Dans cette perspective, les habiletés d'apprentissage d'une personne sont certes influencées par son potentiel intellectuel, mais aussi par son environnement. Toutefois, son style cognitif et les stratégies qu'elle utilise pour apprendre caractérisent sa façon d'apprendre. La réussite de ses apprentissages dépend donc surtout des stratégies qu'elle utilise pour traiter l'information, la comprendre et la mettre en mémoire.

Ces stratégies d'apprentissage ou d'enseignement, avec lesquels les enfants et les adultes s'approprient ou transmettent leur compréhension du réel, ont plus ou moins de succès selon l'arrimage qui se fait entre les styles cognitifs de chacun. Cela se fait également en fonction de la conscience que chacun a de sa façon d'apprendre, donc du fonctionnement de son propre style et des ajustements qu'il peut y apporter tout aussi consciemment. Ce n'est qu'en arrivant à comprendre ses façons d'apprendre et d'enseigner, puis à les gérer, qu'on peut en tirer profit.

Des styles cognitifs aux styles d'enseignement et d'apprentissage

Chez les enfants comme chez les adultes, on retrouve des styles cognitifs bien différents qui donnent lieu à autant de styles d'apprentissage et de styles d'enseignement. Comme nous venons de le voir, les quatre styles cognitifs sont les suivants : **séquentiel verbal, séquentiel non verbal, simultané verbal** et **simultané non verbal**. Selon le style qu'il privilégie, l'enfant apprend davantage avec des mots (verbal) ou avec des images (non verbal), puis de façon plus structurée (séquentielle) ou plus globale (simultanée).

En général, les quatre quadrants fonctionnent de façon assez complémentaire (voir la figure 1 en page 113). Quand on retrouve des écarts de fonctionnement marqués entre les systèmes de représentation mentale ou les processus cognitifs de traitement de l'information d'un individu, on parle d'un *style cognitif particulier* qui définit les forces relevées chez l'enfant par rapport à des fonctions moins efficientes et qui influence largement la manière dont il s'approprie la connaissance. Par exemple, on dit de l'enfant qui doit absolument « voir » pour apprendre qu'il est « très visuel ». Mais cela est souvent vrai parce que ses habiletés verbales sont nettement moins efficaces, d'où un grand écart de fonctionnement qui nous permet de nommer les forces dont il doit se servir pour apprendre, ce que nous faisons quand on le qualifie de « très visuel » et de « peu verbal ».

De la même façon, on dit de l'enfant qu'il privilégie un mode de traitement **simultané** s'il traite plusieurs informations à la fois, dans un jeu vidéo par exemple. Il a tendance à traiter l'information rapidement, sans détails ni nuances, et surtout sans se soucier de l'organisation temporelle des éléments qui composent le tout, étape par étape, et sans tenir compte d'un ordre linéaire comme le ferait celui qui privilégie un mode de traitement plus **séquentiel**.

Ces quatre styles nous permettent de mieux comprendre combien les différences entre les façons d'apprendre de chacun peuvent être importantes, et combien les façons d'enseigner doivent être diversifiées.

FIGURE 1

LES QUATRE STYLES COGNITIFS

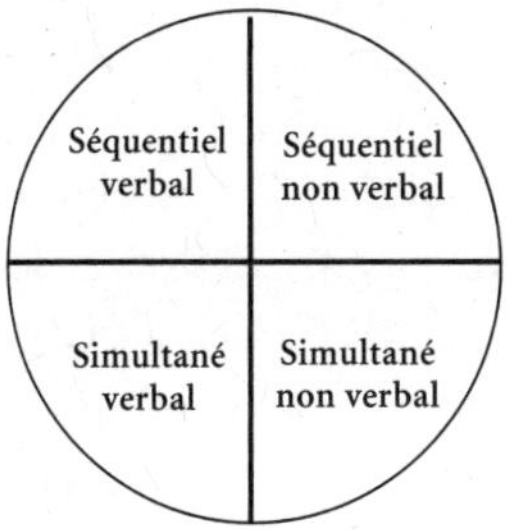

Pour nous aider à définir et à illustrer le fonctionnement de ces quatre styles, regardons-les chez quatre enfants.

Marie sait comment dire. C'est une « vraie pie », comme on l'appelle souvent. Elle verbalise tout ce qui lui passe par la tête. De plus, elle procède de façon très organisée et minutieuse dans tout ce qu'elle fait. Elle a besoin de routine et elle n'aime pas en déroger. Elle peut lire pendant des heures et suivre les cours magistraux en classe sans aucun problème. Elle a plus de difficulté en géométrie et elle n'est pas très créatrice. Elle sait appliquer les procédures à la lettre, mais elle ne sait pas toujours dans quel contexte utiliser telle ou telle règle ou procédure. Son style : **séquentiel verbal**. Sa plus grande force sur le plan des apprentissages : être capable de s'exprimer clairement. Pas d'erreur, elle sait comment dire !

Aubert, lui, est musicien. Toujours à l'heure, mais un peu rêveur, il a une âme d'artiste tout en ayant un tempérament très structuré. Il est bien organisé et il a beaucoup d'ordre. Il aime que chaque chose soit à sa place et il semble parfois un peu dans son monde. Souvent, on l'entend chantonner des mélodies qu'il compose à longueur de journées. Il adore lire des bandes dessinées et s'amuse parfois à illustrer les histoires qu'il voit dans sa tête. Il sait toujours comment faire quand il faut appliquer une procédure. Il préfère le monde des images et de la musique à celui des mots, d'où son petit côté un peu solitaire. Il traduit le monde en séquences d'images pour comprendre et communiquer. Son style : **séquentiel non verbal**. Sa plus grande force sur le plan des apprentissages : analyser avec méthode. Il sait comment faire !

Marie-Paule est particulièrement brillante à l'école. Elle pige vite tout ce qui est expliqué ou démontré par le professeur. Elle s'ennuie en classe parce qu'elle comprend rapidement de quoi il est question, dès qu'on l'a située en contexte et que le domaine d'apprentissage visé par la leçon du jour a été posé. Elle peut traiter de nombreuses informations à la fois et peut facilement traduire ce qu'on lui dit en images mentales, ce qui l'aide à être très performante à l'école. Elle n'aura aucun problème à faire des études supérieures si elle utilise les stratégies qui sont conformes à son style cognitif. Elle s'approprie le monde en le traduisant en concepts et en réseau à l'aide du langage. Son style : **simultané verbal.** Sa plus grande force sur le plan des apprentissages : synthétiser et symboliser. Elle sait créer par le langage !

Mathieu est notre joueur d'échecs par excellence. Peu doué pour les apprentissages scolaires traditionnels, il a du mal à procéder par étapes et donc à s'organiser devant une tâche ou même devant ses travaux scolaires en général. Il a plus de difficulté en français, mais il est très fort en mathématiques. Toutefois, il n'écrit jamais ses démarches lorsqu'il doit résoudre un problème mathématique. S'il le fait trop vite, il peut lui arriver de faire des erreurs d'inattention qu'il ne peut pas repérer à la révision puisqu'il ne laisse pas de traces de ses démarches. Il travaille souvent rapidement, de façon approximative et un peu brouillonne. Il a souvent besoin de ses parents pour l'aider à s'organiser dans ses devoirs et ses leçons. De plus, il doit fréquemment être rappelé à l'ordre à l'école. Il sait organiser et créer à travers l'expérience. Il doit faire et prendre part à l'action pour comprendre et communiquer. Son style : **simultané non verbal.** Sa plus grande force sur le plan des apprentissages : sa créativité.

Astuce

L'enfant très visuel a avantage à travailler avec des surligneurs, en se faisant des résumés écrits, des schémas, et en se donnant des exemples qu'il aura pris le soin d'écrire ; tandis que celui qui est plus verbal apprendra mieux en se répétant les leçons et en se les expliquant dans ses propres mots. L'un et l'autre auront toutefois intérêt à développer des moyens pour compenser les fonctions moins efficientes, soit en inscrivant les informations verbales à ne pas oublier dans les schémas qu'il aura pris le temps de faire, soit en se faisant une représentation mentale imagée de ce qu'il vient d'étudier verbalement, en lisant, en écrivant ou en s'expliquant ce qu'il comprend.

Le jeune qui privilégie un traitement plus simultané des informations aura d'abord avantage à situer l'information dans un contexte général avant d'en traiter toutes les parties. Celui qui privilégie un traitement plus séquentiel aura pour sa part plutôt intérêt à bien saisir tous les détails et parties d'un tout avant de s'en faire une image globale[4].

4 On trouvera des moyens plus concrets dans *Au retour de l'école… La place des parents dans l'apprentissage scolaire*, dans *Dyslexie et autres maux d'école – Quand et comment intervenir* ainsi que dans les livres de Jean-Luc Bédard, Gilles Gagnon, Luc Lacroix et Fernand Pellerin qui sont mentionnés dans la section Ressources, en page 203.

Il est clair que d'importantes dysharmonies entre les systèmes de représentation mentale ou les processus de traitement de l'information sont associées à des difficultés ou à des troubles d'apprentissage.

Réussir malgré des difficultés d'apprentissage : un véritable défi

Toute année scolaire commence avec l'espoir, pour la plupart des parents, que les mois à venir se passeront bien. Toutefois, chez un certain nombre d'entre eux, le doute est déjà présent parce que leur enfant éprouve des difficultés d'apprentissage. Sur qui ces enfants pourront-ils compter pour les aider à traverser l'année scolaire sans y laisser trop de plumes ? Quand les problèmes d'apprentissage d'un enfant semblent s'aggraver, il faut s'assurer qu'il aura droit aux services dont il a besoin ou, le cas échéant, qu'il sera vu par des spécialistes de l'école.

La rentrée scolaire est synonyme d'angoisse pour bien des enfants et pour leurs parents. Quand l'école devient un cauchemar, cela nuit à la vie de toute la famille. Il faut donc agir rapidement et mettre en place des conditions qui favorisent l'adaptation et les apprentissages de l'enfant à l'école. Pour ce faire, il est essentiel d'avoir accès à des services spécialisés qui, malheureusement, sont largement insuffisants. À quoi peut-on s'attendre comme services ? Où et quand consulter ? Comment réagir quand on sait que quelque chose ne va pas et que le temps ne suffira pas à remettre notre enfant sur les rails sur le plan scolaire ?

Tout d'abord, rappelons que la *Loi sur l'instruction publique du Québec* reconnaît à chaque élève le droit de recevoir à l'école des services adaptés à ses besoins. Or, dès qu'une difficulté ou un handicap empêche un élève de faire les apprentissages prévus par le programme de formation dans lequel il est inscrit, la direction de l'école (de concert avec les parents, l'enfant lui-même et les intervenants scolaires qui travaillent auprès de lui) doit établir un plan d'intervention pour fournir à cet élève les services nécessaires. Parmi les services complémentaires que l'école offre, on retrouve la psychologie (pour les enfants chez qui l'on soupçonne des problèmes, notamment d'ordre affectif ou intellectuel), l'orthopédagogie (pour les enfants qui éprouvent des difficultés d'apprentissage), l'orthophonie (pour ceux qui ont des difficultés de langage ou de communication), la psychoéducation et l'éducation spécialisée (pour les élèves qui présentent des problèmes d'adaptation ou de comportement).

Avec une telle politique en matière d'adaptation scolaire, on devrait s'attendre à ce que l'école soit en mesure de remplir sa mission, c'est-à-dire instruire, socialiser et qualifier tous les élèves.

Précisons cependant que la tendance actuelle en éducation consiste à privilégier l'intégration de l'élève en classe régulière. Exceptionnellement, on peut orienter l'enfant vers une classe ou une école spécialisée, mais cela n'est possible que si l'on démontre que son intégration en classe régulière ne favoriserait pas ses apprentissages ou qu'elle porterait atteinte de façon marquée aux droits des autres élèves. Il va de soi que pour réussir l'intégration de tous les élèves en classe régulière, on doit compter sur les services complémentaires que nous avons mentionnés et qui sont prévus par la loi.

À l'école, le problème consiste souvent à faire valoir le besoin de l'enfant d'avoir accès à ces services le plus rapidement possible. Pour certains problèmes (pensons par exemple aux enfants qui souffrent d'un handicap quelconque ou de troubles psychopathologiques), il est nécessaire d'établir un diagnostic clair pour mettre en place certains services adaptés aux besoins de l'enfant. Par ailleurs, les élèves qui vivent des difficultés d'apprentissage ne sont plus soumis à cette obligation. En effet, il n'est plus nécessaire d'identifier de façon nominale ces élèves à risque : les budgets alloués pour les ressources qu'ils requièrent sont maintenant, en principe, partagés équitablement entre les écoles, l'objectif étant de prioriser l'intervention plutôt que l'évaluation formelle. Cette façon de faire a ses avantages et ses inconvénients, car au bout du compte, si plus d'élèves peuvent profiter de ces ressources, il est rare d'entendre dire que l'enfant qui présente de véritables troubles d'apprentissage reçoit un nombre suffisant d'heures de services spécialisés. Pire encore, quand on procède à une intervention sans avoir évalué au préalable la nature des difficultés en cause (parce que cela n'est plus indispensable pour offrir des services), le service est non seulement insuffisant, mais souvent peu utile parce qu'il n'est pas assez spécifique.

Afin d'obtenir les services appropriés à l'école, les parents qui le peuvent n'ont parfois d'autre choix que de se tourner vers le secteur privé pour faire évaluer leur enfant. Dans certains cas, quand le problème de l'enfant est suffisamment complexe pour qu'il puisse être reçu par des spécialistes, les parents peuvent aussi se tourner vers les centres hospitaliers qui ont le mandat de traiter les problèmes de santé. L'enfant ne peut toutefois y recevoir les services que l'école doit normalement lui fournir, à moins que la situation se soit suffisamment détériorée pour qu'il ait maintenant besoin de services en pédopsychiatrie par exemple, ce qui, malheureusement, arrive trop souvent.

Malgré cette conjoncture, nous suggérons à chaque parent de continuer à réfléchir avec l'école à la mise en place de services adaptés aux besoins de l'enfant sans se satisfaire de la réponse : « Nous manquons de ressources pour donner des services à votre fils » ou encore « D'autres en ont bien plus besoin que lui ! » Le système scolaire encourage largement le partenariat entre l'école et les parents pour répondre aux besoins des élèves. Cependant, nous sommes d'avis que s'il est vrai que les parents sont concernés par la scolarité de leur jeune, la commission scolaire, ses écoles et ses intervenants ne peuvent en aucun cas se décharger de leur tâche sur eux, les conséquences de cette façon de faire étant souvent fâcheuses à long terme.

✓ Au-delà des capacités d'apprentissage, tous les enfants doivent acquérir des attitudes de base favorables à la réussite parce que c'est ce dont ils ont besoin pour bien vivre l'école et réussir leur vie par la suite. En effet, il faut non seulement savoir apprendre, mais aussi persévérer, s'appliquer et faire les efforts nécessaires. Toutefois, cela n'est possible que si les moyens qu'on nous donne pour apprendre... fonctionnent !

Apprendre, c'est aussi faire des efforts, s'appliquer et persévérer

Rares sont les enfants qui aiment que leurs parents soulignent leur manque d'efforts. Certains accusent leurs parents de chercher à les décourager alors que, dans les faits, ces enfants font de réels efforts... qui s'avèrent inefficaces. Ceux qui n'en font pas réagissent parfois plus fort que ceux dont les efforts ne sont pas fructueux parce qu'ils se défendent d'une vérité toute simple, tandis que les autres ne sont tout simplement pas conscients que ce sont leurs moyens qui ne sont pas efficaces.

À différents moments de l'année, chez les enfants comme chez les adultes qui travaillent, c'est l'ardeur à la tâche qui diminue, et ce, pour toutes sortes de raisons. Cela est vrai chez les enfants doués comme chez ceux qui le sont moins. Nous avons tous des souvenirs de débuts d'année scolaire, d'odeur de cahiers neufs, de crayons bien longs et bien taillés, d'un nouveau sac d'école… et surtout de nos résolutions. Nous nous promettions d'écrire proprement, de garder nos cartables à l'ordre et de toujours faire nos devoirs à temps. Puis, les premiers jours passent et l'écriture se relâche, quelques feuilles flottent dans le sac plutôt que d'être bien classées dans le cartable et certains travaux se font plus rapidement ou même devant le téléviseur parce qu'ils sont un peu ennuyants ou encore trop faciles.

Le regard des parents sur la qualité des travaux que fait l'enfant à la maison est important puisque celui-ci a peine à réaliser certains changements d'attitude et les conséquences qui s'ensuivent. Il est possible qu'une remarque des parents en ce sens ait pour effet de décourager l'enfant parce qu'il sait devoir redoubler d'ardeur au travail. Par ailleurs, cet état est bien souvent passager et cette remarque suffit à ce qu'il se reprenne en main pour ensuite être en mesure de mettre l'effort qu'il avait décidé de déployer au début de l'année ou d'une nouvelle étape. Il faut toutefois que les parents évitent de se montrer trop intrusifs au cours des périodes de devoirs et de leçons, parce que des commentaires incessants et des reproches quotidiens peuvent effectivement décourager l'enfant au point de lui faire conclure que, quoiqu'il fasse, il ne répondra jamais à leurs attentes. Cela est encore plus vrai quand un des enfants de la fratrie est très compétent et réussit bien... sans avoir à travailler. Toutefois, il faut s'abstenir de comparer les enfants d'une même fratrie tout en sachant que ceux-ci le font eux-mêmes d'emblée. Ils doivent comprendre que les différences individuelles se retrouvent jusque dans le sac d'école. Certains doivent travailler plus que d'autres et... c'est normal !

Il est judicieux d'introduire la notion de responsabilité scolaire en regard des attentes de l'enseignant pour éviter que les discussions autour des devoirs ne deviennent un terrain d'opposition entre l'enfant et ses parents. Dans de telles situations, les commentaires des parents deviennent progressivement de plus en plus inefficaces et provoquent bien souvent l'effet contraire à celui souhaité. Or, un commentaire judicieux pourrait consister à demander à l'enfant ce que dirait son enseignant de la qualité de son travail. Avec une pointe d'humour, le fait de comparer ses travaux actuels aux premiers qu'il a réalisés dans l'année peut aussi avoir un effet mobilisateur chez l'enfant qui a oublié ses bonnes résolutions.

Voici quelques suggestions pour encourager l'enfant à s'appliquer au moment des devoirs et des leçons.

- Prendre le temps de remarquer les travaux qui vous semblent bien faits.
- Lui rappeler de toujours faire au moins un peu plus que ce qu'il a envie de faire.
- Éviter le stress avant les examens en assurant une bonne étude, des heures de sommeil suffisantes, une alimentation adéquate et de l'exercice physique.

- Lui rappeler de faire du mieux qu'il peut avant de se mettre au travail.
- Lui demander d'évaluer lui-même à l'occasion, sur une échelle de 1 à 10, à combien il estime s'être appliqué lorsqu'il a fait tel ou tel devoir (que vous estimez bien fait ou bâclé).
- Tenter de comprendre ce qui amène l'enfant à bâcler ses travaux scolaires.
- Discuter avec l'enseignant si cette situation persiste.

› Place au langage !

Redonner sa place au langage, outil central d'apprentissage

Le langage occupe une place de grande importance dans l'apprentissage et c'est pourquoi il est fondamental que cet outil soit le mieux développé possible quand l'enfant entre à l'école. On sait que les enfants qui présentent des retards ou des troubles de langage avant d'entrer à l'école risquent plus de présenter des difficultés ou des troubles d'apprentissage. Celui qui a acquis de bonnes habiletés langagières, mais qui peine à se faire des images mentales risque aussi de présenter des difficultés ou des troubles d'apprentissage, mais cette situation est beaucoup moins courante.

Les enfants naviguent dans le monde de l'image comme des poissons dans l'eau. Les écrans de télévision, d'ordinateur ou de cellulaire n'ont plus de secrets pour eux. En revanche, les conversations soutenues ont perdu beaucoup de terrain dans les familles. Les échanges y sont très souvent rapides et utilitaires : « N'oublie pas ta collation », « Je rentre à six heures ce soir ». La plupart des parents n'ont pas le temps de discuter sur le coin de la table le matin ou au retour de l'école, après le métro-boulot-dodo qui a entraîné tout le monde et limité le temps pour des échanges verbaux plus substantiels. Résultat : plusieurs enfants manquent aujourd'hui d'habiletés sur le plan verbal. Le langage permet de discuter ou de débattre, d'élaborer une réflexion ou d'exprimer des sentiments. Améliorer son langage, c'est développer son intelligence. En parlant, l'enfant oblige sa pensée à la cohérence. Il se force à être « intelligible », à être compris, ce qui, en soi, amène la pensée à s'organiser et à se structurer avant d'être émise. Or, le langage ne fait pas qu'exprimer une pensée raisonnée. Il aide cette pensée à s'organiser et, de ce fait, à se développer. Par le langage, l'enfant conçoit son idée et cherche les bons mots pour l'énoncer. Plus son vocabulaire est riche, plus il peut utiliser de mots pour décrire les sentiments qu'il ressent. À l'aise avec la parole, il peut aussi s'en servir pour régler des conflits. On peut dire que l'enfant qui parle et qui se parle à lui-même développe son intelligence et sa capacité d'adaptation en société.

Au cours des années préscolaires, c'est en grande partie à l'aide du langage que l'adulte encadre, rassure, éduque et enseigne les règles de base à son enfant. Vers 7 ou 8 ans, ce langage s'intériorise et devient le meilleur outil d'autorégulation des pensées et des actions de l'enfant. C'est avec ce langage intériorisé qu'il se rappelle les règles, qu'il freine ses pulsions, qu'il s'organise, qu'il se rassure ou se console lui-même quand il est seul, quand il a peur ou qu'il est triste. Le langage interne – celui qu'on utilise lorsqu'on se parle à soi-même – permet donc de réguler ses émotions et de contrôler son comportement. Lorsque l'enfant se dit: « Je dois faire signer mon bulletin ce soir », il utilise ce langage intérieur pour mieux gérer son quotidien. Non seulement il se souvient de ce qui lui a été demandé à l'école, mais grâce au langage intérieur, l'enfant est en mesure de se le redire et de faire ce qu'il a à faire au moment opportun, comme on lui a demandé de le faire. Il s'agit là du meilleur outil pour apprendre à s'organiser.

Il importe donc que les parents donnent à leur enfant la chance d'enrichir son vocabulaire et de pratiquer ses habiletés verbales en lui fournissant l'occasion et le temps de structurer sa pensée lorsqu'il parle. Ils doivent aussi avoir le souci de la précision et inciter l'enfant à trouver la formule juste, puis à prendre le temps de développer ses idées.

Les parents doivent prêcher par l'exemple. Pour aider l'enfant à faire ce que l'adulte recommande, celui-ci doit effectivement prendre le temps de mettre en mots ce qu'il pense et ce qu'il omet parfois de dire, tout simplement faute de temps ou par habitude. Par exemple, au lieu de dire à son enfant « Je t'aime », il peut lui parler de ce qu'il aime chez lui : « J'aime quand tu prends des initiatives », « Tu as de bonnes idées et tu fais bien de prendre le temps de les partager ». Ces petites phrases rendent davantage justice à ce qu'il ressent et donnent un bon exemple de ce qu'on peut faire au quotidien avec le langage. Trop souvent, on observe combien les enfants sont économes de mots dans cette société où le visuel est au premier plan.

Les parents sont bien placés pour donner l'exemple. Prendre le temps de mettre en mots et d'élaborer leurs idées à l'aide du langage est en effet une bonne façon de montrer à l'enfant ce qu'on peut dire simplement (dans l'exemple précédent, de lui exprimer leur amour), mais aussi d'enrichir l'échange en précisant l'énoncé (en spécifiant les raisons qui les amènent à vouloir le gratifier à ce moment). Ce regard attentif que les parents portent sur l'enfant, sur ce qu'il est, sur ce qu'il fait, tout en lui permettant de bien ressentir ce qu'ils lui témoignent, peut l'aider à mieux se connaître. Le langage peut devenir un puissant outil d'échange lorsqu'on s'en sert au-delà de ses fonctions utilitaires. On pourrait reprendre cet exemple et l'appliquer à de multiples moments du quotidien, que ce soit quand les parents font leurs comptes, préparent les vacances, tentent de trouver des solutions à des conflits ou à des problématiques particulières. Le seul fait de raisonner à haute voix montre à l'enfant que le langage est un outil qui permet de dialoguer, mais aussi qui nous aide à nous organiser et à vivre en société.

À 6 ans, Éric demande du « stagueppi » pour souper. À 8 ans, quand il cherche quelque chose, il demande encore : « Est où, l'affaire qui va sur la patente bleue ? » À 10 ans, ses enseignants, tout comme ses parents, se désespèrent devant son manque d'attention quand on lui explique quelque chose : « On dirait que ça entre par une oreille et que ça sort par l'autre. » À 12 ans, le coup de poing est souvent plus rapide que les mots pour résoudre un conflit. Depuis qu'il est en 3e année, Éric accumule les échecs et il est agressif dès qu'il se sent frustré ; il n'a jamais aimé l'école parce qu'il n'y comprend rien et ne s'y sent pas compris.

Comme Éric, de nombreux enfants arrivent à l'école sans avoir acquis suffisamment d'habiletés sur le plan du langage. Les conséquences de cet état de choses sont souvent fâcheuses, tant socialement que pour l'apprentissage. En effet, ces enfants ont souvent plus de mal à suivre les cours, à exprimer leurs idées oralement ou par écrit et à se débrouiller seuls pour faire valoir leur point de vue en classe ou dans la cour de récréation. Bref, ils éprouvent de la difficulté dans toute situation où les mots deviennent un pont essentiel entre le monde extérieur et soi.

Il est important de prendre plaisir à jouer avec les mots, à écouter et à dialoguer. Comme parents, il est bon de multiplier les occasions où les mots sont à l'honneur pour aider l'enfant à parfaire ses habiletés verbales. Il faut l'encourager à bien prononcer, à bien structurer ses phrases, à utiliser les termes exacts et à respecter le sens de certains mots selon le contexte, mais sans que cela devienne un contrôle de chaque instant et tout en gardant le plaisir au dialogue.

Voici différentes stratégies que les parents peuvent utiliser pour aider leur enfant à bien s'exprimer.

Ayez de fréquentes conversations avec l'enfant. Elles ont l'avantage de lui montrer que vous vous intéressez à lui et à ce qu'il pense, de même que de développer sa capacité à exprimer sa pensée. Pour converser, il doit former une pensée cohérente et l'organiser avant de l'émettre. Gardez à l'esprit que vous êtes un modèle déterminant dans son apprentissage du langage et tentez d'utiliser des termes précis pour enrichir son vocabulaire. Faites attention au choix des mots et aux nuances, employez des synonymes et allez jusqu'au bout d'une explication, d'une opinion ou d'une argumentation. Une émission de télévision ou un article se prête bien à la discussion. L'important est de prendre le temps de dialoguer avec l'enfant.

Réfléchissez à voix haute lorsque l'enfant vous observe en train d'effectuer une tâche ou de résoudre un problème. De cette manière, il entend le raisonnement que vous faites et sera incité à en faire autant.

Parlez en « verlan » (pour les enfants de 8 ans et plus). L'enfant change l'ordre des syllabes de chacun des mots d'une phrase et vous devez découvrir le sens de cette phrase. Par exemple, « Mejai lépar à verlan » pour « J'aime parler à l'envers ».

Incitez-le à apprendre la musique, écoutez-en avec lui, chantez, changez les paroles des chansons qu'il connaît pour souligner un anniversaire ou un événement spécial, incitez-le à apprendre les textes de chansons qu'il aime et à chercher à en comprendre le sens.

Permettez-lui et même, au besoin, **encouragez-le à parler ou à étudier avec un ami au téléphone.** Il peut demander des explications à un autre enfant de sa classe lorsqu'il éprouve des difficultés, ou encore lui en donner. Étudier ses mots de vocabulaire ou ses tables de multiplication au téléphone peut être une bonne solution quand la simple répétition provoque un certain ennui chez l'enfant. Aussi, proposez-lui de planifier un rendez-vous téléphonique au cours duquel chacun posera cinq questions à l'autre après les avoir soigneusement préparées au cours d'une période d'étude préalable ; cela est souvent fort amusant et très enrichissant pour l'étude.

Improvisez des histoires collectives. Une personne commence l'histoire, puis s'arrête au milieu d'une phrase ; une autre poursuit la phrase en faisant de même, et ainsi de suite. L'histoire se constitue soit en respectant une certaine logique, soit de façon loufoque. Par exemple, le premier joueur dit « Il était une fois une très très grande… », un autre continue

«...sorcière qui adorait faire peur aux...» et le troisième enchaîne «...enfants qui s'endormaient en faisant leurs devoirs. Un jour, elle décida de...» etc. Ces improvisations verbales favorisent aussi l'imagination et développent la créativité, qualités dont l'enfant a besoin pour composer des textes à l'école.

Jouez à des jeux où il faut être attentif aux consignes verbales. Dans le jeu «Jean dit», il faut suivre la consigne lorsque la phrase débute par «Jean dit» et ne pas bouger lorsqu'elle ne débute pas par ces mots. L'enfant a du plaisir à tenter de répondre aux consignes et à les donner; il aime aussi vous voir vous tromper quand votre attention baisse. Pour que le jeu soit vraiment intéressant et stimulant sur les plans de l'attention et de la concentration, le rythme doit être assez rapide. Dans le même ordre d'idée, le jeu du «ni oui ni non» est aussi très intéressant. Il s'agit de répondre à des questions sans jamais utiliser les mots «oui», «non» ou «je ne sais pas». Par exemple, on peut commencer en demandant à l'enfant: «Vas-tu à l'école?» À cette question, il peut répondre «Je vais à l'école» ou encore «Bien sûr», mais il ne doit jamais dire simplement «Oui» ou «Oui, je vais à l'école», etc. Là encore, le rythme doit être assez rapide, chacun pouvant d'abord poser les questions, puis répondre à celles d'un autre.

Différents jeux de société permettent aussi de jouer avec les mots, par exemple le jeu du dictionnaire et divers jeux questionnaires, sans oublier évidemment le scrabble, dans sa version traditionnelle ou junior.

Diversifiez les activités où règne le plaisir de jouer avec les mots: poésie, théâtre, devinettes, calembours, comptines, rimes, fables. Les enfants aiment les exercices de diction, qui consistent à dire des phrases difficiles à prononcer. Ils arrivent, en se concentrant sur le sens de la phrase (en se faisant une image de ce qu'elle signifie), à les dire de plus en plus rapidement.

Exemples d'exercices de diction

Les chemises de l'archiduchesse sont-elles sèches ou archisèches ?

Ton thé t'a-t-il ôté ta toux ?

Fruits cuits, fruits crus.

Petit pot de beurre, quand te dé-petit-pot-de-beurreras-tu ? Je me dé-petit-pot-de-beurrerai quand tous les petits pots de beurre se dé-petits-pots-de-beurreront.

Si ces six saucissons-ci sont six sous, ces six cents saucissons-là seront six cents sous.

Un chasseur sachant chasser sait chasser sans son chien de chasse.

Didon dîna, dit-on, du dos d'un dodu dindon.

Dis-moi gros, gras, grand grain d'orge, quand te dé-gros-gras-grand-grain-d'orgeras-tu ? Je me dé-gros-gras-grand-grain-d'orgerai quand tous les gros, gras, grands, grains d'orge se seront dé-gros-gras-grands-grains-d'orgés.

Pour les enfants qui ont plus de difficultés sur le plan du langage, on peut recourir aux techniques suivantes.

- Parler lentement à l'enfant en utilisant des phrases courtes et simples.
- Varier l'intonation de la voix pour l'aider à rester attentif à ce que vous lui dites.
- Ponctuer les comptines et les conversations de gestes.

- Expliquer à l'enfant le sens des comptines ou des chansons, par exemple à l'aide de mimes et d'illustrations. Ainsi, il n'aura pas l'impression de répéter une suite de sons incompréhensibles.
- Être attentif et le reprendre lorsqu'il fait des erreurs en parlant. Sans répéter son erreur, reformuler pour lui le mot ou la phrase mal structurée.
- Être patient quand il cherche ses mots. Attendre avant d'intervenir ou de dire le mot à sa place. En demander autant à ses frères et sœurs qui s'empressent souvent de parler à sa place.
- Proposer des jeux sur le langage qui sont simples, mais le plus souvent variés.
- À l'heure des défis et des folies, chanter avec lui des chansons qu'il connaît en jouant avec les simples sons. Par exemple, remplacer toutes les consonnes par une seule. « Frère Jacques » pourrait alors devenir : « Bèbe babe, bèbe babe, bobez-bous, bobez-bous, bobez bes babibes… ». Vous pouvez faire la même chose avec les voyelles. « Au clair de la lune » devient par exemple : « A clar da la lana, ma nama piarra, dana-ma ta plama… ».
- Au besoin, consulter une orthophoniste.

Quand un retard de langage dégénère

« Salu sava moi traibien jespaire que tu va passé de trai bonne vacanse »

Au moment où Antoine écrivait ce mot, il terminait sa 5e année du primaire. Quelques mois auparavant, sa mère l'avait emmené dans un département de pédopsychiatrie parce qu'il se frappait la tête contre les murs et parlait de se tuer quand les examens arrivaient. Encore à son âge, il confondait des sons et des mots quand il parlait. Il avait aussi du mal à trouver ses mots (difficultés d'évocation). On n'avait jamais précisé la nature exacte de ses difficultés d'apprentissage ; en fait, dans son cas, il s'agissait de troubles d'apprentissage, c'est-à-dire de difficultés qui allaient persister dans le temps.

À l'école, on se préoccupait de son mal de vivre, mais on manquait de ressources pour s'occuper de ses problèmes d'apprentissage. Il ne recevait donc qu'une aide minimale en petit groupe, dispensée par l'orthopédagogue de l'école. Celle-ci se disait incapable d'intervenir adéquatement, ayant un trop grand nombre d'élèves à aider en très peu de temps. Pour Antoine et ses parents, tout semblait en place pour lui venir en aide, mais à ses yeux à lui, s'il n'y arrivait pas, c'est qu'il ne valait rien, qu'il était « débile ».

L'enfant qui arrive à l'école avec un retard de langage, même léger, risque de présenter des troubles d'apprentissage parce que les habiletés verbales sont nécessaires pour permettre un traitement optimal des informations. En effet, l'intelligence verbale est très sollicitée dans l'apprentissage, que ce soit pour comprendre les paroles de l'enseignant, s'exprimer, régler des conflits, s'intégrer aux jeux dans la cour de récréation, poser les bonnes questions, faire mentalement des liens entre les connaissances acquises et celles à intégrer, etc. Les conséquences d'un manque d'aisance sur ce plan sont souvent très lourdes, non seulement pour l'enfant et sa famille, mais aussi à long terme, pour la société en général, si l'enfant ne reçoit pas rapidement l'aide dont il a besoin. C'est malheureusement chose courante dans l'état actuel des ressources scolaires.

L'histoire d'Antoine ressemble à celle de milliers d'enfants dont le parcours scolaire se complique d'année en année. Antoine n'a parlé clairement qu'à l'âge de 4 ans. Durant les premières années du primaire, il avait encore du mal à évoquer les mots qu'il ne retrouvait pas facilement dans sa tête. Il avait aussi de la difficulté à saisir les consignes verbales et il devait utiliser une somme considérable de mots pour parvenir à se faire comprendre de son interlocuteur, n'arrivant pas à exprimer clairement et simplement sa pensée. Ayant du mal à bien nommer les objets, il parlait de la « chose », de « l'affaire », il confondait parfois les mots entre eux ou, tout simplement, il les prononçait mal.

Malgré de très bonnes habiletés en mathématiques, il ne lisait pas assez bien pour comprendre le sens d'un court texte, notamment des consignes dans ce domaine où il se retrouvait aussi parfois en difficulté, malgré ses aptitudes. Il n'avait pas de plaisir à lire non plus, au contraire ! En 3e année, bien qu'ayant redoublé de classe, il écrivait encore au son. En 4e année, il a commencé à avoir de grosses difficultés en mathématiques parce qu'il ne maîtrisait pas encore assez bien la lecture pour saisir les consignes écrites. Il n'avait pas non plus développé de langage intérieur efficient, cet outil d'autorégulation des pensées et des actions qui nous permet de nous parler à nous-même pour mieux comprendre et réfléchir. Or, cet instrument d'apprentissage est particulièrement utile au moment où il faut faire des liens « dans sa tête » pour comprendre et mémoriser.

Faute de ressources, il n'avait pas bénéficié d'aide suffisante en orthopédagogie, alors qu'il aurait eu besoin de séances de rééducation individuelles. Il faut savoir que dans les écoles, il y a une nette insuffisance de ressources en orthophonie pour les enfants qui ont des problèmes de langage et en orthopédagogie pour ceux qui ont des problèmes d'apprentissage. Pour sa part, Antoine n'avait pas reçu ces services parce que ses difficultés étaient moins marquées que celles d'autres enfants ou, du moins, pas assez apparentes. Il n'a été évalué qu'à l'âge de 11 ans, à la fin de sa 4e année, parce qu'il n'avait toujours qu'un niveau équivalant à celui d'une 2e année en français. À la suite des évaluations qui ont finalement été effectuées à l'école, Antoine a été orienté dans une classe spéciale à effectifs réduits.

Et si l'on était intervenu avant ? Au départ, Antoine n'avait qu'un simple retard de langage. Ses parents ont fait leur possible pour l'aider, mais son « cas » n'était jamais assez lourd pour qu'on lui accorde l'aide dont il aurait eu besoin. On est en droit de se poser des questions. Où étaient les professionnels qui auraient pu intervenir ? Qu'ont fait les « décideurs » pour investir dans les services d'aide aux enfants en difficulté et pour s'assurer que la Loi sur l'instruction publique s'applique dans nos écoles ? Cette loi oblige notamment les établissements scolaires à offrir les ressources nécessaires aux enfants qui ont des besoins particuliers.

Les conséquences d'un simple retard de langage ou d'un trouble de langage en bas âge et, éventuellement, d'un trouble d'apprentissage sont lourdes à porter pour un écolier et ses parents. Cela se complique au fur et à mesure que l'enfant grandit. En effet, il y a sans aucun doute un lien direct entre ces problèmes et les troubles d'apprentissage, d'adaptation et de comportement. Ces troubles sont à l'origine d'un taux élevé de décrochage, de délinquance, voire de suicides, lorsqu'on ne fait rien pour y remédier.

Il est à souhaiter que dans un proche avenir, les autorités scolaires — grâce à l'appui des gouvernements — puissent mettre en place des ressources suffisantes dans les écoles. Réagir à temps, cela veut dire réagir tôt pour empêcher que tout chavire et que le mal des mots se transforme en cauchemar scolaire et en inadaptation sociale.

Quelques conseils aux parents

Voici maintenant quelques conseils aux parents qui ont un doute quant au développement des habiletés langagières ou d'apprentissage de la lecture et de l'écriture de leur enfant. Lorsque celui-ci n'assimile pas les rudiments du langage aussi bien que les autres enfants de son âge ; qu'il cherche constamment ses mots ; qu'il intervertit des syllabes et des sons, qu'il a du mal à exprimer ses idées de façon claire et logique ; qu'il demande souvent de répéter les consignes, qu'il confond les mots entre eux ; qu'il s'exprime avec ses poings plutôt qu'avec la parole en cas de conflits, etc. :

- Éviter de laisser traîner les choses. Il est important, voire urgent, de consulter pour que l'enfant reçoive de l'aide, au plus tard dès son entrée à la maternelle lorsqu'il s'agit d'un problème de langage et dès l'apparition de difficultés d'apprentissage à l'école.
- Faire avec lui des jeux où les mots sont à l'honneur, chanter avec lui, inventer ensemble des histoires à partir de ses dessins, prendre plaisir à discuter et l'encourager à donner son opinion sur tout ; bref, multiplier les occasions de jouer avec les mots, les sons, la parole.
- Dès son entrée en 1re année, mettre l'accent sur l'apprentissage de la lecture et sur l'importance d'en comprendre

le sens, tout en évitant de ne faire de la lecture qu'un exercice à voix haute. Cette façon de faire est souvent plus difficile pour les enfants qui présentent des difficultés d'apprentissage.

- Consulter une orthopédagogue si ses difficultés d'apprentissage persistent et, au besoin, demander une évaluation formelle de la nature de ses difficultés par une équipe multidisciplinaire.

› Place à la lecture !

Tous les parents souhaitent que leurs enfants aiment lire, mais tel n'est pas toujours le cas. Chacun a ses centres d'intérêt et il est possible que les livres ne fassent pas partie des passe-temps de certains enfants. Par contre, rien ne dit qu'ils ne développeront pas le goût de lire plus tard. Il est donc inutile de vous inquiéter outre mesure si vos enfants lisent peu.

La lecture permet d'acquérir du vocabulaire et d'éviter certaines difficultés en orthographe, même si celles-ci ne sont pas seulement liées à un manque de lecture. Lire est à l'évidence une activité qui apporte des bienfaits de toutes sortes ; cela développe, entre autres, l'imagination et la culture générale tout en favorisant la détente. Toutefois, lire doit être avant tout un plaisir et non une obligation.

Les jeunes d'aujourd'hui ont beaucoup d'occasions de se détendre. La télévision, Internet et les jeux vidéo prennent une bonne partie de leur temps de loisir et les privent certainement de quelques heures pour lire des livres. Par ailleurs, et quoi qu'on en pense, l'ordinateur amène plus d'occasions de lire et d'écrire qu'on peut le croire même si l'on souhaite voir nos jeunes avec un livre ou un crayon dans les mains. Sans les obliger à lire, vous pouvez quand même continuer à les mettre en contact avec les livres. Proposez-leur de les emmener à la librairie et laissez-les choisir un livre qui leur plaît, ne serait-ce qu'un simple livre d'histoires ou de blagues. Abonnez-les à la bibliothèque afin qu'ils disposent de livres à leur convenance. Et pourquoi ne pas les emmener à un Salon du livre ? Voilà un endroit propice au plaisir de la lecture, car on y rencontre des auteurs et on est placé devant un choix très riche.

Entre 9 et 12 ans, les jeunes commencent à vouloir se différencier de leurs parents. En matière de lecture, comme dans plusieurs autres domaines, ils suivent les suggestions de leurs amis. Aussi, n'insistez pas trop pour que vos enfants lisent si vous ne voulez pas qu'ils se désintéressent carrément de la lecture. N'essayez pas non plus de régir leur choix de lecture. Ils préfèrent peut-être les bandes dessinées ou les magazines aux romans. À force de se sentir poussés dans une direction, les enfants ont tendance à se braquer. Laissez-les choisir les livres qu'ils veulent, sans leur imposer vos préférences.

Voici maintenant quelques trucs pour inciter l'enfant à lire et à écrire.

- Il sait lire ? Continuez à lui faire la lecture le soir s'il en a envie. Ne vous arrêtez pas à chaque mot difficile pour lui en expliquer la signification, à moins qu'il vous le demande. Ne faites pas de ce moment magique un exercice de compréhension de lecture en lui demandant de vous raconter ensuite ce qu'il a compris. Ne vous gênez pas pour mettre dans votre voix toute l'intonation et l'expression que commande le texte pour aider l'enfant à apprécier la « musique » de la langue écrite, si différente de celle de la langue parlée.

- Acceptez que l'enfant vous demande et redemande chaque soir la même histoire. Il l'écoute comme une musique et cette redondance facilite l'apprentissage et l'intérêt pour la lecture lorsqu'il grandit.
- Allez fréquemment à la bibliothèque et à la librairie avec lui. Un bon livre est un livre que l'on choisit !
- Soyez un modèle : lisez ! Un roman ou une recette, peu importe. L'important, c'est que l'enfant voie ses parents en situation de lecteurs et comprenne ainsi l'utilité d'apprendre à lire !

Astuce

Proposez à l'enfant de parcourir rapidement (globalement) le texte des yeux avant de lui demander de le lire à haute voix. Plutôt que de lui poser des questions directement après cette lecture, demandez-lui de dessiner ce qu'il a compris du texte avant de le relire une deuxième fois plus lentement, avec l'intention de compléter son dessin grâce aux détails qu'il aura mieux saisis lors de sa deuxième lecture. Vous serez surpris de ses réponses lorsque vous le questionnerez sur le sens du texte une fois qu'il l'aura lu dans sa tête deux fois plutôt qu'une... mais dans l'intention de dessiner ce qu'il a compris plutôt que de devoir répondre verbalement à des questions qui ne manqueront pas de le stresser. Après un tel exercice, il pourra même lire le texte à voix haute avec toute l'intonation qu'il faut pour vous montrer qu'il a bien compris !

› Place à l'écriture !

La vie de famille offre de très nombreux prétextes pour faire écrire les enfants. Les listes de choses à acheter, à faire, à organiser sont autant d'occasions d'écrire et de lire. De plus, écrire des livres à partir de photos prises en voyage ou au cours d'un jeu peut être une façon amusante de rédiger des histoires « juste pour jouer ». Il est moins facile qu'avant d'inciter les jeunes à écrire avec un crayon et du papier à la maison étant donné la place prépondérante qu'a prise l'ordinateur dans la vie de tous les jours. Ce type d'écriture a en effet été largement délaissé au profit des messageries instantanées, nouvelle écriture…

« Je clavarde, il *tchatte* » : une nuisance aux apprentissages scolaires ?

Il n'est pas rare que des enfants passent beaucoup de temps à clavarder (*tchatter*) avec des amis. On peut se demander si ce nouveau mode de communication nuit à leur apprentissage du français, alors qu'ils ne maîtrisent même pas l'orthographe d'usage.

Notons d'abord que clavarder est composé des mots *clavier* et *bavarder*. Le clavardage est un passe-temps relativement nouveau, propre aux jeunes, et dont il reste à mieux définir les avantages et les inconvénients.

Clavarder, c'est communiquer à l'aide d'un langage codé, une sorte de langue phonétique, dont il faut apprendre les rudiments. Les jeunes se sentent à l'aise très rapidement avec cette langue phonétique qui est loin du français écrit qu'on tente de leur inculquer à l'école. De très nombreux parents découvrent cette nouvelle réalité sans pour autant y avoir accès parce que les conversations virtuelles des jeunes font désormais partie de leur « monde secret ».

✓ **Exemple de clavardage et sa traduction**

- Salut !
- Koi de 9 ?

ou encore

- slt
- qd9

pour **« salut, quoi de neuf ? »**

Dans un tel contexte, on comprend l'inquiétude des parents quant aux effets de cette pratique sur la qualité du français, mais à mon avis, il ne faut pas généraliser. En effet, il n'y a pas nécessairement de lien de causalité entre le clavardage et la piètre connaissance de l'orthographe. Un jeune qui a de bonnes habiletés pour le langage écrit et qui a le souci de l'orthographe peut manier cette langue phonétique sans voir se détériorer ses habiletés sur le plan du français écrit.

Cette inquiétude est par ailleurs justifiée quand le jeune qui éprouve déjà des difficultés à écrire correctement ou qui n'a pas le souci de le faire passe beaucoup de temps à clavarder. Ce n'est certainement pas de cette façon qu'il développera ses compétences en français. Au contraire, s'il passe tout son temps libre à clavarder, il n'en a plus pour lire, pour étudier ou pour pratiquer d'autres activités essentielles à l'acquisition de modalités d'expression de qualité dont il aura besoin tôt ou tard. Sur ce point, les parents ont raison de s'inquiéter et ils devraient établir des limites claires, comme dans n'importe quel autre domaine.

Ainsi, les pédiatres recommandent de limiter généralement à sept heures par semaine le temps que le jeune passe devant un écran, quel qu'il soit : ordinateur, jeu vidéo ou télévision. Cette recommandation peut servir de balise aux parents qui ont du mal en cette matière à différencier l'acceptable de l'excessif. Ils peuvent aussi se baser sur la valeur qu'ils accordent au respect des règles de notre langue et au souci qu'a leur jeune de rédiger ses travaux scolaires dans un français de qualité pour décider s'ils vont accepter, tolérer, limiter ou interdire le clavardage à la maison. Sur cette question, ils doivent prendre position et faire valoir leur point de vue de façon cohérente, afin que leurs exigences aient un sens pour leur jeune.

Le jeune qui clavarde ou tchatte sans se soucier de l'orthographe dans les autres domaines où il a recours à l'écrit est, certes, dans une situation problématique, mais ce n'est pas le clavardage qui en est la cause. Il y est toutefois associé, car le fait de partager cette activité avec ses compagnons qui écrivent comme lui ne l'encourage pas à parfaire ses habiletés en orthographe. Au contraire, le sentiment d'appartenance créé par cet intérêt commun renforce un peu le *je-m'en-foutisme* qui sévit actuellement sur cette question. Ce phénomène réussit aussi à bien camoufler la santé défaillante du français écrit dans certains milieux.

Finalement, apprendre, c'est aussi s'exercer

Bien que la lecture soit centrale lorsque vient le temps de faire des apprentissages à l'école, l'écriture, les mathématiques, les sciences et les autres matières sont autant de domaines dans lesquels les enfants ont plus ou moins de talents et d'intérêts selon leur style cognitif et celui de leurs enseignants (c'est-à-dire selon la façon dont ils apprennent et dont on leur enseigne). En fait, il faut retenir une chose des mécanismes en jeu dans l'apprentissage. Plus l'enfant est actif dans les tâches qui lui sont demandées, mieux il apprend. S'il voit, entend, se dit, fait des liens, s'exerce, fait des exercices, invente de nouveaux exemples et ultimement... s'amuse, il apprend, comprend et retient. Voilà pourquoi l'apprentissage par projets est si important.

Sur le plan théorique, le fait de faire passer l'information en activant le plus grand nombre de systèmes possible chez l'enfant constitue un moyen pédagogique très efficace, en autant que le jeune s'investisse autant qu'on le souhaite dans cette démarche. Il arrive trop souvent que la complexité des projets, le manque de moyens, la passivité du jeune ou tout simplement son manque d'intérêt ne permettent pas la mise en branle de tous les processus prévus. Dans ce contexte, l'objectif d'apprentissage n'est atteint que partiellement et le jeune dépend de ses parents et enseignants pour mener à terme ses tâches.

Apprendre, c'est emmagasiner de nouvelles connaissances et exercer de nouvelles habiletés. Pour y arriver, il faut apprendre non seulement ce qu'on nous enseigne en classe, mais surtout s'exercer à utiliser ces nouvelles habiletés et connaissances en faisant ses devoirs et ses leçons le soir à la maison. Voilà ce que nous verrons dans les pages suivantes.

Voici une liste de comportements susceptibles d'indiquer la présence de difficultés à **savoir apprendre.** Les comportements mentionnés peuvent avoir d'autres explications. Toutefois, on peut penser que plus on relève de symptômes par rapport à ce savoir, plus il est important de chercher des moyens d'aider l'enfant à acquérir des habiletés dans ce domaine.

On peut penser que l'enfant a des difficultés à apprendre si :

✓ il doit toujours travailler plus fort que ses compagnons pour obtenir des résultats très moyens ;

✓ il semble présenter des difficultés d'apprentissage dans un domaine particulier ;

✓ il manque d'attention ;

✓ il a présenté des retards de développement ou des problèmes de santé qui pourraient être en lien avec ses difficultés ;

✓ il n'aime pas lire, écrire ou compter ;

✓ il ne fait pas ses travaux scolaires à moins que l'on mette beaucoup de pression ;

✓ il a souvent besoin de plus de temps que ce qui est prévu par l'enseignant pour faire ses devoirs ;

✓ il a besoin de ses parents pour comprendre ce qu'il doit faire ;

✓ son rendement scolaire ne reflète pas ses efforts ;

✓ il pleure ou se fâche devant ses difficultés ;

✓ il a besoin d'une aide particulière pour arriver à ses fins comme les autres ;

✓ il apprend mieux individuellement qu'en groupe ;

✓ il présente des signes d'un trouble spécifique d'apprentissage (voir l'Annexe I – Portrait fonctionnel : trouble d'apprentissage) ;

✓ il présente des signes d'un trouble déficitaire de l'attention (voir l'Annexe II – Portrait fonctionnel : trouble déficitaire de l'attention avec ou sans hyperactivité).

Savoir étudier

Apprendre à étudier n'est pas chose facile. En effet, les enfants disposent aujourd'hui de peu de moyens pour développer de véritables stratégies d'étude. En revanche, les parents se plaignent très souvent de devoir accompagner de très près leurs enfants, car ceux-ci ont des travaux ou des projets qui sont parfois tellement complexes qu'ils se sentent obligés de s'en mêler.

D'un côté, les enfants semblent peu outillés et, de l'autre, on attend d'eux une autonomie qu'ils n'ont pas toujours acquise. La notion de « défi surmontable » qui doit baliser ce qui est donné en devoir à l'enfant n'est pas toujours bien appliquée. Résultat : on se retrouve avec des parents qui croient devoir en faire plus, au lieu de comprendre que c'est en tentant de faire face à la musique que l'enfant acquiert les moyens dont il a besoin pour mieux apprendre. Ne dit-on pas que c'est en forgeant qu'on devient forgeron ? Comment laisser les enfants déployer leurs ailes quand on sent qu'ils manquent de moyens ? Là est tout le dilemme des parents d'aujourd'hui.

› Devoirs et travaux scolaires, ouf !

Nombreux sont les jeunes qui ne font pas leurs devoirs à la maison. En effet, certains enseignants accordent aux élèves du temps pour étudier à l'école. Dans ce cas, il est possible que cette période suffise à l'enfant pour terminer son travail scolaire. Il fait sans doute ce qui lui est demandé et ses parents lui font confiance.

Dans le cas contraire, cette période devient souvent source de conflits à la maison. En effet, les parents ne parviennent généralement pas à obliger leur enfant à étudier efficacement à la maison si celui-ci ne le veut pas. Comme il ne considère pas ses parents comme des enseignants, ceux-ci n'obtiennent pas l'effet escompté lorsqu'ils veulent l'obliger à réviser. De façon générale, les jeunes s'opposent là où l'on exige le plus, et ce, dès l'âge de 9 ou 10 ans. Lorsque le terrain d'opposition du jeune est celui des devoirs et des leçons parce qu'on aura omis de donner des responsabilités à l'enfant sur d'autres plans, la maison risque plus que jamais de se transformer en champ de bataille durant cette période cruciale de la journée.

Si les parents ne peuvent pas forcer leur jeune à étudier, ils peuvent en revanche l'amener à réfléchir à sa façon de le faire. En voici les principaux moyens.

- Lui demander par exemple s'il connaît bien ses dates d'examen.
- Lui dire également qu'il s'améliorerait grandement en révisant 15 minutes par jour sa matière la plus faible.

- Lui faire prendre conscience qu'en étudiant un peu à la maison, il serait en mesure de vérifier l'état de ses connaissances, de s'assurer qu'il comprend bien le programme, puis de poser des questions à l'enseignant pendant qu'il en est encore temps.
- Lui faire des suggestions et non lui imposer des façons de faire pour éviter qu'il se braque. L'orienter en lui proposant des choix ; cela peut l'aider à se responsabiliser sans se sentir contrôlé ou dominé. Par exemple, on peut lui demander s'il préfère étudier avant le souper ou après, ou partager sa période d'étude en deux moments distincts, soit avant et après le repas. Le but est de l'inciter à travailler ; toutefois, sa décision doit reposer sur sa propre réflexion et non sur votre exigence.

Au cours de l'année, à la lecture du bulletin, les parents et le jeune sont en mesure de vérifier ensemble si sa méthode de travail est la bonne. En cas de notes insuffisantes ou d'échec dans une matière, les parents peuvent alors lui montrer que, contrairement à son impression, le temps réservé à l'étude à l'école n'est pas suffisant ou productif.

Si tel est le cas, ils peuvent lui proposer de consacrer une demi-heure chaque soir au travail scolaire tout en lui laissant choisir le moment qui lui convient le mieux. Les parents peuvent imposer la durée de l'étude, mais c'est le jeune qui décide du contenu de cette période. Il peut aussi bien étudier ses leçons qu'avancer une recherche ou lire. L'essentiel est qu'il réserve du temps pour ses travaux scolaires.

Si les parents constatent, à long terme, que leur enfant subit des échecs constants, ils ne doivent pas hésiter à consulter des spécialistes.

Selon la nature du problème qui devra être identifié, le psychologue ou l'orthopédagogue pourront l'aider à se remettre en piste sur le plan scolaire. Les devoirs sont souvent un bon indice du fonctionnement scolaire de l'enfant, mais très souvent, on ne gagne pas à trop vouloir s'en mêler comme parents. Nous pourrions probablement mieux voir ce qui va et ce qui ne va pas en s'engageant très activement, mais il y a de grands risques associés à cette façon de faire. Comment accompagner l'enfant dans ses travaux scolaires sans intrusion ? Comment aider sans nuire ? En fin de compte, quelle place prendre comme parents dans l'apprentissage scolaire des enfants ?

Astuce

Dans toute situation où un litige survient, le fait de donner au jeune un choix à faire entre deux solutions acceptables pour ses parents est un moyen efficace d'éviter l'escalade et la guerre ouverte. Lorsque le jeune fait un tel choix, l'affrontement n'est plus nécessaire, les deux parties gagnent au jeu et la vie continue !

La place des parents dans l'apprentissage scolaire

Des jugements de part et d'autre

Les devoirs sont une véritable fenêtre sur l'école... et la maison ! En effet, c'est bien souvent par cette entremise que parents et enseignants peuvent tenter de voir, de comprendre et d'expliquer ce qui se passe quand l'enfant présente des difficultés à l'école. En prenant connaissance de ce que l'enfant doit faire comme devoirs le soir à la maison et en observant la manière dont il les fait, ses parents se font une idée du contenu qui est vu en classe, de l'intérêt que l'enfant porte à l'école et des moyens qu'il prend pour étudier, moyens qu'on lui a enseignés ou non. En prenant le temps d'en discuter un peu avec lui, les parents voient aussi de quelle façon l'enfant perçoit son enseignant, de même que celle dont cette personne qui a la responsabilité de l'instruire semble gérer sa classe et s'y prend pour l'aider à apprendre.

C'est par cette fenêtre qu'ils porteront nécessairement un premier jugement :

« Cette enseignante a de bonnes idées ! »

ou

« Celui-là donne beaucoup trop de devoirs ! »

Rapidement, on assiste au jugement parfois sévère que portent des parents sur des enseignants :

« Elle est sûrement bien mal organisée pour demander aux enfants de faire le soir ce qu'ils n'ont pas eu le temps de faire durant la journée. »

D'autres diront avec soulagement, après des années plus difficiles :

« Enfin, un prof qui sait les encourager par des mots bien personnalisés sur leurs copies d'examens… Mon fils ne se sent plus **un parmi tant d'autres** dans sa classe. »

Certains parents sont convaincus qu'ils sauraient comment faire mieux que l'enseignant avec leur enfant :

« Viens, je vais t'expliquer, **moi.** »

ou

« C'est bien beau de lui donner tous ces travaux à faire, mais le prof ne doit pas lui avoir expliqué les notions nécessaires, car visiblement, il ne comprend rien ! »

Bien souvent, un jugement est porté sur l'enseignant avant de l'être sur l'enfant. Les parents, soucieux de sa réussite, sont souvent tentés d'intervenir eux-mêmes pour qu'il réponde à leurs propres attentes. Ils le font en s'adressant d'emblée à l'enseignant ou en intervenant directement auprès de l'enfant :

« Recommence-moi tout ça, c'est trop malpropre. »

Pire, pour aider leur enfant à s'améliorer en écriture, et ce, même une fois les devoirs terminés, ils proposeront le *piège* que l'enfant, avant longtemps, reconnaîtra assez vite...

« Viens, on va jouer un peu à l'école. »...

...moment dont les parents profitent évidemment pour poursuivre leur nouveau rôle d'enseignant-substitut.

Sans trop savoir pourquoi, les enseignants constatent bien souvent que le temps des devoirs à la maison est devenu l'occasion d'une véritable bataille rangée. Et c'est à leur tour de penser que ce sont les parents qui s'y prennent mal. Car, de leur côté, les enseignants se font aussi une idée de la façon dont se passe cette période de travaux à la maison. L'élève les fait-il seul ou presque ? Sinon, avec qui les fait-il ? Dans quel climat ? Combien de temps cela prend-il ? Ils en apprennent beaucoup grâce aux mots des enfants, mais aussi en constatant que les devoirs sont faits ou non, plus ou moins bien faits, oubliés, égarés, barbouillés, déchirés ou... impeccables.

De part et d'autre, on porte des jugements, parfois très positifs, mais parfois moins. Tout cela colore nécessairement la relation qui s'établit entre les parents et les enseignants. Ces interprétations réciproques, teintées des expériences de vie de chacun, et généralement très spontanées, peuvent exacerber les perceptions que chacun se fait de l'autre dans ce triangle relationnel enseignant-enfant-parents.

Il faut savoir que les parents envoient leur enfant à l'école avec plus ou moins d'ambivalence, selon ce qu'eux-mêmes ont vécu dans leur propre histoire scolaire. Une fois leur idée faite, ces parents réagissent en fonction de cette histoire et de ce qu'ils sont devenus personnellement. Ils confient leur enfant à une tierce personne qui, désormais et pendant toute une année, prendra beaucoup d'importance dans la vie de leur enfant. Leur capacité à déléguer leur autorité parentale à cet enseignant est proportionnelle à la confiance qu'ils ont en cette personne. Et on sait combien les relations humaines s'établissent sur des impressions subjectives, qui n'ont souvent rien à voir avec une compréhension intellectuelle de ce qui est et sera.

L'enfant qui n'a aucune difficulté scolaire, qui est autonome pour ses devoirs et ses leçons et qui aime l'école ne cause pas de grands soucis à ses parents et à ses enseignants. Les relations parents-enseignants sont alors relativement simples et peu conflictuelles. C'est quand les choses tournent moins rond que ce terrain partagé devient confrontant de part et d'autre. La complémentarité parents-enseignant, nécessaire au bon déroulement de cette période de devoirs et de leçons à la maison, peut alors être compromise. La confusion des rôles de chacun est souvent à la base d'accrochages ou de tensions.

L'enseignant, seul maître à bord

Pour éviter une telle confusion des rôles, l'enseignant doit signifier et faire reconnaître **son** autorité en matière d'enseignement, notamment en ce qui concerne la question des devoirs à la maison. Il doit préciser clairement ce qu'il demande aux enfants de même que ce qu'il ne veut pas. Par exemple, il ne veut pas que les parents corrigent systématiquement tous les devoirs avant le retour en classe. Les parents et les enfants doivent être au courant de ces règles et des attentes de l'enseignant. Celui-ci doit signifier distinctement, aux parents comme aux enfants, le temps qui devrait être alloué aux devoirs et aux leçons, la place qu'il souhaite voir le parent occuper au cours de cette période, ce qu'il faut faire lorsque l'enfant ne comprend pas ou les moyens qu'il peut prendre lorsqu'il est en panne. Somme toute, la période des devoirs et des leçons demeure l'affaire du jeune, en lien avec son enseignant qui l'aura guidé en donnant ses directives.

Il faut éviter à tout prix de demander aux parents de superviser de près la période des devoirs et des leçons. Cette façon de faire place les parents en position d'enseignants-substituts, ce qui envenime inévitablement, à court ou à moyen terme, le rapport que l'enfant et ses parents établissent avec l'école. C'est pour cette raison que nous recommandons souvent aux parents qui rencontrent de l'opposition au moment des devoirs et des leçons de s'en remettre à l'autorité de l'enseignant qui, le cas échéant, a beaucoup plus de moyens et de pouvoir qu'eux, aussi compétents soient-ils, pour faire comprendre à l'enfant le bien-fondé des devoirs.

Certains enfants ont besoin de comprendre, avant de s'y mettre, les raisons pour lesquelles ils doivent faire quelque chose. Il faut le leur expliquer. D'autres n'ont envers l'école qu'une motivation extrinsèque. Dans ce cas, ils font parfois leurs devoirs **pour** l'enseignant, situation beaucoup plus profitable que s'ils les font mal ou trop lentement, ce qui se produit souvent quand ils les font **contre** les parents qu'ils perçoivent comme trop intrusifs. Il faut absolument remettre les tâches scolaires entre les mains de l'élève et de l'enseignant pour éviter les enjeux relationnels parents-enfant qui se jouent trop souvent autour de l'école. Cela ne signifie pas d'évincer les parents du terrain scolaire, au contraire! Il s'agit de les inciter à faire autrement qu'à se substituer à l'enseignant afin que l'enfant profite de la richesse de la complémentarité des rôles parents-enseignant.

Lorsque l'enseignant prend le temps de donner aux parents des exemples de ce qu'ils peuvent faire à la maison pour consolider certains acquis ou aider l'enfant à exercer au quotidien ses nouvelles connaissances, ceux-ci peuvent trouver un rôle d'éducateur tout à fait complémentaire. De cette façon, les parents ont aussi une place dans l'évolution scolaire du jeune, différente de celle de l'enseignant qui, avec ses forces et ses limites, complète l'éducation donnée par les parents, qui ont eux aussi leurs forces et leurs limites. Une telle conception du rôle de chacun permet souvent d'éviter la rivalité qui surgit parfois entre ces adultes qui ont la responsabilité de l'enfant et de mettre à profit de façon efficace ce que chacun peut lui apporter.

Dans ce contexte, les parents doivent se voir comme des accompagnateurs qui n'agissent qu'au besoin pour soutenir l'enfant, l'encourager, lui rappeler les moyens et attentes du professeur. Ils ne doivent jamais se substituer à l'enseignant, seul adulte en position d'autorité pour toute question relative aux matières scolaires. Les parents qui en font trop devraient chercher à comprendre pourquoi leur enfant ne parvient pas à répondre aux exigences de son enseignant plutôt que de tenter de s'y substituer. La meilleure personne avec qui discuter des difficultés d'un enfant, c'est justement cet enseignant qui doit comprendre et accompagner l'enfant, comme le parent, dans la découverte des moyens à prendre pour favoriser le développement de plus d'autonomie dans ses devoirs et ses leçons. L'enseignant doit parfois aider les parents à prendre conscience du fait que plus ils aident l'enfant dans ses devoirs, plus ils restent assis à ses côtés, prêts à répondre à la moindre question, moins ils lui permettent d'acquérir son autonomie puisqu'ils renforcent la dépendance de l'enfant à leur égard. En effet, celui qui reçoit autant d'attention parentale ne renoncera pas facilement à ce moment privilégié, surtout si c'est le seul moyen qu'il a trouvé, inconsciemment, pour être seul avec sa mère ou son père au cours de sa journée.

En mai 2009, le Conseil canadien sur l'apprentissage (CCA) publiait une étude sur l'effet des devoirs dans la réussite scolaire des élèves. Ce rapport statue d'abord sur le fait que les devoirs constituent l'un des aspects de l'éducation qui occupe le plus de familles canadiennes. Il s'agit d'un sujet qui alimente, depuis longtemps, de nombreux débats quant à la question de leur efficacité et de leur utilité. Cette étude récente confirme que les devoirs sont associés à une plus grande réussite scolaire chez les élèves, mais seulement si leur charge est raisonnable et s'ils requièrent une participation active de l'élève. Il semble aussi que ce soit aux élèves qui réussissent le moins que les devoirs seraient le plus utiles.

Des conclusions de cette étude du CCA, on peut déduire que l'effet attendu des devoirs sur la réussite scolaire est moindre si la participation de l'enfant n'est pas suffisamment active, ce qui se produit quand les parents s'engagent trop. Dans ce contexte, comment aider les parents à accompagner leur enfant et à rester « à juste distance » dans une activité qui les préoccupe au plus haut point, surtout lorsque les choses ne s'y passent pas « normalement » ? La question est délicate, mais déterminante, parce qu'une aide trop considérable, voire envahissante, serait non seulement peu utile, mais possiblement nuisible pour cet enfant qui peut facilement prendre l'école en aversion. En ce sens, de nombreux parents qui veulent trop bien faire ont besoin de l'aide de l'enseignant pour trouver leur juste place dans le parcours de leur jeune, surtout s'il est en difficulté et qu'il requiert plus d'aide qu'un autre.

Comment l'enseignant doit-il aborder ces situations délicates avec les parents ? Étant donné les risques de rupture relationnelle associés aux communications parents-enseignant lorsque l'élève n'arrive pas à faire à la maison ce qui lui est demandé à l'école, l'enseignant doit souvent mettre des gants blancs pour parler de ses inquiétudes. Toutefois, il doit aussi prendre le temps d'écouter autant que de proposer des moyens adaptés à la réalité de la famille dans laquelle l'enfant évolue. C'est seulement lorsque le canal de communication parents-enseignant reste ouvert qu'on peut trouver ces moyens, même si cela ne se fait pas toujours instantanément. Dans cette perspective, comment l'enseignant peut-il dire et écouter sans froisser personne ?

Le message au « je », tel qu'on l'enseigne aux enfants, et le style « questionnement » plutôt qu'« affirmation directe » peuvent aider l'enseignant à aborder un sujet délicat avec des parents sans soulever d'emblée leurs défenses. Pour rejoindre les parents, qui sont souvent vulnérables parce qu'ils craignent d'être jugés sur leur compétence parentale, l'enseignant doit éviter de les culpabiliser. Il a beaucoup plus de chances de voir devant lui des parents ouverts et prêts à collaborer s'il soulève une question sur le fonctionnement du jeune plutôt qu'en affirmant directement sa perception des choses. Cette façon de faire incite les parents à chercher une solution avec l'enseignant et celui-ci n'a pas à affronter des interlocuteurs qui se braquent pour « protéger » leur enfant et... se protéger eux-mêmes.

Ainsi, en disant...

« J'ai l'impression que Patrick ne fournit pas tous les efforts et ne met pas le temps qu'il devrait pour faire ses devoirs avec attention. Est-ce que c'est ce que vous observez aussi ? »

plutôt qu'en affirmant :

« Patrick ne fait pas d'efforts, ses devoirs ne sont jamais terminés. »

...les parents de Patrick chercheront à répondre à la question, plutôt qu'à critiquer d'emblée un jugement qu'on porte sur des efforts dont l'enseignant n'est pas témoin.

L'école, c'est l'affaire de l'élève et non celle des parents

Il n'est pas rare de voir un enfant devenu passif et dépendant de ses parents au cours de la période de travaux scolaires à la maison. Il est délicat d'aborder la relation trop étroite qui s'est développée entre l'enfant et ses parents autour de ces tâches, mais il faut le faire pour permettre à l'enfant de se remettre en piste. L'ambivalence de l'enfant entre « grandir » et « rester petit » se traduit souvent par une oscillation entre son désir de faire seul, sans regard parental sur « ses » affaires, et celui de dépendre de ses parents, d'où des conduites d'évitement et d'opposition passive quand arrive la période des devoirs. De là s'installe généralement un rapport plutôt conflictuel que les parents décrivent souvent quand ils se sentent pris en otage dans le sac d'école de leur enfant.

Pour aider les parents et l'enfant à se sortir d'une relation difficile autour des devoirs et des leçons, relation qui se déplace bien souvent vers l'enseignant qui est alors parfois perçu comme responsable des tensions générées autour de ces tâches scolaires, il faut engager une démarche commune de questionnement. Ainsi, les parents, l'enfant et l'enseignant peuvent ensemble mettre en place des moyens d'améliorer la situation. L'enseignant auquel les parents ont **véritablement** délégué leur autorité parentale quant aux apprentissages scolaires a beaucoup plus d'influence sur l'enfant que les parents eux-mêmes, ceux-ci étant souvent perçus comme des intrus dans un domaine qui ne leur appartient pas vraiment. La relation inconditionnelle qui existe généralement entre l'enfant et ses parents limite bien souvent la portée de l'intervention de ces derniers autour des devoirs et des leçons. En effet, même lorsque les tâches scolaires sont vécues dans les pleurs et les grincements de dents, l'enfant sait qu'il ne perdra pas l'amour des parents qui l'accompagnent dans ses devoirs. Par ailleurs, la relation avec l'enseignant est beaucoup plus conditionnelle, ce qui permet souvent à celui-ci d'avoir plus d'influence que les parents lorsqu'il fait une demande précise à l'enfant. L'enseignant ne peut pas assurer la supervision des devoirs à la maison, mais il peut grandement aider les parents en intervenant directement auprès de l'enfant lorsque celui-ci n'a pas fait ses devoirs ou qu'il les a mal faits.

L'enfant doit donc savoir que son enseignant interviendra s'il ne fait pas ce qui a été demandé. L'enseignant a beaucoup plus d'influence sur l'enfant que les parents lorsqu'il valorise le devoir bien fait et l'initiative de l'enfant qui est capable de lui demander des explications le lendemain de la remise d'un devoir incomplet parce que mal compris. En plus de la gratification qu'il reçoit alors directement de l'enseignant, l'élève profite de la présence de ses pairs, « témoins » de cette intervention positive et valorisante. Vouloir faire comme les autres plutôt que de régresser devant eux est un puissant moteur de changement. Cela favorise le développement de l'autonomie et aide l'élève à « grandir » dans ses attitudes. Or, à moins que le jeune présente de véritables difficultés d'apprentissage pour lesquelles il faut mettre en place des moyens plus spécifiques, celui qui fait ses devoirs et leçons dans un climat relationnel bien établi avec l'enseignant a plus de chances de devenir autonome. Ainsi, le parcours scolaire risque beaucoup moins de devenir un sujet de domination entre l'enfant et ses parents, et conséquemment entre ceux-ci et l'enseignant.

De nombreux parents ne savent pas se positionner par rapport aux devoirs de leurs enfants et, bien souvent, ils en font trop pour éviter que leur compétence parentale soit jugée. Ils ont besoin qu'on leur dise clairement où doit commencer leur engagement et où il doit s'arrêter. En principe, pour éviter que les devoirs ne soient teintés de trop d'enjeux relationnels entre l'enfant et ses parents, l'enseignant doit se positionner comme étant le seul en autorité sur ce plan, les parents devant se contenter d'encourager leur enfant, de l'encadrer, de l'aider de façon ponctuelle et seulement au besoin. Somme toute, après lui avoir fourni les lieux et les outils nécessaires pour faire ses devoirs, il ne reste aux parents qu'à encourager l'enfant à réaliser ce que son professeur lui a demandé et de la façon dont il l'a demandé, quitte à lui donner un petit coup de main et à le renvoyer à son enseignant s'il n'arrive vraiment pas à faire le devoir en question. Il est possible que la notion même visée par le devoir ne soit pas du tout intégrée, ce qui sera mieux repris par l'enseignant que par les parents. Il se peut aussi que celui-ci sache très bien pourquoi le jeune n'a pas été en mesure de faire son devoir… ce qu'il pourra aussi reprendre avec le jeune.

Pour toutes les situations conflictuelles qui se vivent au quotidien autour des devoirs et des leçons, situations qui mettent en jeu la relation parents-enfant-enseignant, c'est certainement le dialogue qui reste le moyen le plus efficace pour sortir de l'impasse. Loin d'être banales, ces situations de tensions et de grincements de dents peuvent déterminer la réussite scolaire d'un élève ; c'est pourquoi la communication entre les parents et les enseignants est une des pistes de solution que l'on doit mettre au premier plan dans l'horaire déjà surchargé de ces derniers. Le temps, autant que les ressources qui manquent tellement dans nos écoles, est une denrée rare qui devrait être allouée aux enseignants comme outil pédagogique puisqu'il est garant de relations constructives entre les parents, les enfants et eux et, par le fait même, déterminantes pour le développement de l'autonomie intellectuelle qui est nécessaire à la réussite scolaire de leurs élèves.

› ÉTUDIER... COMMENT FAIRE ?

Étudier, c'est comprendre, mais c'est aussi parfois simplement mémoriser ce qui doit être appris. Les enfants qui détestent apprendre des choses par cœur ne sont pas des exceptions, car rares sont ceux qui aiment cette façon d'étudier. Il existe toutefois des trucs pour les aider à mémoriser les choses et pour leur faciliter la tâche.

Quelle que soit la matière à étudier, il existe un bon moyen d'apprendre des leçons par cœur sans se décourager. Cela consiste à diviser le travail. Il s'agit de découper l'exercice en tranches d'une durée limitée : par exemple, un poème d'une vingtaine de vers peut s'apprendre à raison de cinq vers par jour. On peut travailler les tables de multiplication en trois soirées, par groupes de quatre opérations, en faisant une révision générale le jour avant l'examen. Comme l'objectif semble moins ambitieux de cette façon, les enfants trouvent plus facilement le courage d'affronter ce travail en l'abordant une partie à la fois.

Apprendre par cœur peut s'avérer stressant ou fort ennuyant si le temps s'écoule trop lentement. En minutant la période d'étude avec une montre ou un chronomètre, vous stimulerez votre enfant. Proposez-lui cette tâche comme un défi personnel à relever.

La mémoire s'exerce de plusieurs manières. On peut mettre à contribution tous les sens. La meilleure façon consiste à combiner différents moyens : visuels, auditifs, kinesthésiques[1]... Par exemple, on encourage l'enfant à

---

1 Pour davantage d'information, voir *Au retour de l'école... La place des parents dans l'apprentissage scolaire*, notamment les pages 90 à 97 et 132 à 164.

écrire ses tables de multiplication, à les réciter et à les chanter en rap, si nécessaire. On peut lire les mots de vocabulaire, les écrire et les épeler à l'endroit, puis... à l'envers. On fait appel à la mémoire visuelle lorsqu'on prononce chaque lettre d'un mot en commençant par la fin, car on doit se représenter mentalement son image avant de l'épeler. Ce type d'apprentissage se fixe plus facilement dans la mémoire à long terme si on les mémorise en utilisant plusieurs moyens. C'est comme si l'on ajoutait alors plusieurs cordes à son arc. Si le souvenir auditif est incertain, on peut ramener l'image mentale du mot qu'on a aussi regardée, ainsi que ce qu'on s'en est dit. Par exemple, le verbe « appeler » prend deux « p » parce que cette action concerne nécessairement deux personnes (on appelle une autre personne ou un animal). L'enfant peut également repérer les difficultés dans chaque mot en les surlignant avec un marqueur ou en les entourant au crayon. Plus on fait d'actions pour mémoriser de l'information, plus celle-ci a de chances de rester dans la mémoire longtemps. On peut aussi dire que plus la mentalisation est active, plus la mémorisation est efficace. La mentalisation active consiste justement à faire voyager l'information d'un hémisphère à l'autre, comme nous l'avons déjà vu (voir en page 109).

Bien que l'on puisse retenir beaucoup de choses en utilisant des trucs, il y en a d'autres qu'il faut apprendre par cœur, comme les mois de l'année. Les enfants les retiennent souvent en chanson, mais pour rendre utile l'information ainsi mémorisée, ils doivent avoir dépassé le « par cœur » et utiliser l'information dans la vie de tous les jours. Pour mémoriser d'autres types d'informations que ceux qu'on apprend « par cœur », il faut comprendre ce qu'on apprend. Par exemple, on retient une tirade de théâtre en comprenant son sens, sans quoi on peut facilement la déformer ou la réciter sans la bonne intonation dans la voix ni l'expression juste du visage. Par contre, le seul fait de devoir faire intervenir plusieurs sens facilite d'emblée ce type de mémorisation. Les jeunes qui ont des troubles d'apprentissage, notamment en raison d'une mémoire verbale déficitaire, sont souvent talentueux en art dramatique grâce à leurs grandes forces sur le plan non verbal. Ils apprennent souvent mieux leurs textes que bien d'autres jeunes parce qu'ils utilisent ces forces pour compenser. Pour cette même raison, ils ont aussi souvent beaucoup de talent en musique.

✓

On retient

- 10 % de ce qu'on lit;
- 20 % de ce qu'on entend (et que l'on se redit);
- 30 % de ce que l'on voit (et que l'on revoit mentalement);
- 50 % de ce qu'on lit, voit ET entend;
- 80 % de ce qu'on est en mesure d'expliquer à autrui;
- et 90 % de ce que l'on écrit, dessine, fabrique, après avoir bien regardé et expliqué, traduit dans nos mots; bref, de ce que l'on apprend quand on s'engage activement dans une démarche d'apprentissage. Il faut aussi savoir qu'on oublie 95 % de ce qu'on apprend si on ne l'utilise pas.

Il peut être très utile de reproduire les présentes données sur le babillard de l'enfant pour qu'il les ait bien en vue.

Malheureusement, on oublie très vite. Au bout d'un mois, la matière travaillée est souvent oubliée si on ne l'a pas utilisée au quotidien. C'est pourquoi les enseignants reviennent fréquemment sur certaines leçons. Il faut donc encourager les enfants à réviser, même quand ils ont le sentiment de tout savoir. Une fois l'examen passé, ils doivent faire encore un petit effort pour conserver et consolider leurs connaissances ; on sait tous combien il est difficile de les convaincre, à moins qu'un dernier examen couvrant cette partie du programme soit prévu à la fin de l'année. En effet, la mémoire fonctionne aussi avec la motivation. On apprend pour quelque chose. Si l'examen est le but ultime, le jeune a moins de raisons de réviser par la suite ; ce qu'il fera tout de même dans les années subséquentes, justement parce qu'il sait qu'un examen final est aussi prévu au programme.

Il faut parfois un certain temps pour mettre en place les différentes stratégies de mémorisation. Il vaut la peine de développer des « trucs » pour apprendre, pour étudier et mémoriser, dans la mesure où cela se fait dans un climat harmonieux, voire ludique, quand c'est possible. En voici quelques exemples.

- Écrire, dessiner, surligner, schématiser, s'expliquer en ses propres mots, s'inventer des exemples, expliquer à autrui, se poser des questions mutuellement lors d'un rendez-vous téléphonique après une période d'étude.
- Découper en parties ce qu'il faut mémoriser.
- Pour apprendre une nouvelle langue, placarder la maison de mots étiquettes que l'enfant revoit jour après jour, et dit et se redit chaque fois. Quand ils sont assimilés, changer les étiquettes pour de nouvelles.

- Prendre cinq minutes chaque soir, pour chaque matière, et se demander ce qu'on a vu comme notions durant la journée. Se demander pourquoi l'enseignant les a transmises, tenter de résumer en ses propres mots et dans les grandes lignes ce qui a été enseigné, faire des liens avec les leçons précédentes et écrire les questions qui restent en suspens après cet exercice.
- Apprendre à réviser est une bonne habitude à acquérir, parce que c'est essentiel pour les examens. Aussi, le jeune a avantage à ne pas relire que ses réponses pendant un examen ; il doit aussi apprendre à relire les questions pour s'assurer d'y avoir répondu correctement.
- Étudier au téléphone pour dépasser le « par cœur ». Rien ne devrait empêcher l'enfant de fixer un rendez-vous téléphonique à un ami qui, comme lui, étudie pendant un temps fixe avec l'objectif de tenter d'imaginer des questions que l'enseignant pourrait poser sur cette matière (par exemple cinq questions chacun). Au terme de leur préparation mutuelle, les deux jeunes continuent au téléphone en se posant les questions qu'ils ont préparées et se donnent les réponses. Voilà une façon d'étudier très efficace et intéressante ! Certains en font autant par messagerie électronique. Le fait d'étudier de cette manière est très pertinent, puisque cela oblige à une mentalisation active, en ce sens que l'enfant ne fait pas que lire sa leçon. Il la lit en tentant de se projeter dans le futur et dans la tête de l'enseignant qui prépare des questions auxquelles il devra trouver les réponses. Par la suite, le seul fait d'échanger ces questions et ces réponses au téléphone, ou de se questionner et de s'expliquer mutuellement la matière, ne constitue pas

seulement une pratique pour l'examen que les deux enfants auront à subir; cela permet aussi d'assimiler beaucoup plus profondément la simple lecture de la leçon (rappelons-nous, en effet, l'efficacité de la mémoire selon les gestes mentaux; on ne retient que 10 % de ce qu'on lit). Le simple rendez-vous téléphonique met une contrainte qui évite la procrastination, tout comme le fait le sablier ou le chronomètre quand l'enfant a tendance à étirer la période d'étude en se levant sans arrêt.

Quand copier devient un moyen de réussir

Lorsqu'un enfant est pris en flagrant délit de plagiat, il convient de s'assurer dans un premier temps qu'il n'a pas fait tout bonnement un geste malencontreux. Il suffit parfois de demander une gomme à effacer à son voisin pour se faire accuser d'avoir copié. Si c'est sa version des faits, il faut lui accorder le bénéfice du doute et n'intervenir qu'en cas de récidive.

Au départ, pour un enfant de 8 ans, copier n'est pas un plaisir, mais un besoin. Il faut donc essayer de comprendre les raisons qui le poussent à agir ainsi. A-t-il, par exemple, de la difficulté à saisir les consignes verbales? S'il ne comprend pas correctement les exigences de l'enseignante, il peut vouloir regarder sur la copie de son voisin uniquement pour savoir ce qu'il doit faire. Son intention véritable n'est donc pas de copier, mais de tenter de mieux comprendre les consignes.

Par ailleurs, il se peut qu'il manque de confiance en lui, ce qui l'inciterait à jeter un œil sur la feuille de son voisin pour voir s'il a la bonne réponse et se rassurer. Il a peut-être des difficultés d'apprentissage; il ne connaît pas sa matière même s'il a vraiment essayé d'apprendre ses leçons. Dans ce cas, il faut, avec l'aide de l'enseignante, chercher à comprendre ce qui se passe, puis trouver les moyens de l'aider à mieux retenir la matière. Certains élèves sont incapables de répondre correctement en classe, tout simplement parce qu'ils n'ont pas assez étudié à la maison. Il se peut que leur emploi du temps soit surchargé ou qu'ils manquent d'organisation et de méthode pour s'acquitter correctement de leurs devoirs et de leurs leçons. Ce sont des pistes à explorer.

En essayant de comprendre l'enfant sans l'accuser, il est possible que les parents et l'enseignante réussissent à l'aider à se débarrasser de cette mauvaise habitude. Il n'est pas nécessaire de le sanctionner ni de se fâcher, car cela ne réglera pas le problème. Il faut éviter de le juger, mais il convient de lui expliquer qu'on n'approuve pas ce comportement. Comme il importe aussi de lui montrer que la note qu'il reçoit lorsqu'il copie n'évalue pas ses propres connaissances, mais celles de son voisin. Enfin, il faut souligner les avantages qu'il y a à ne pas copier : en apprenant par lui-même, il deviendra plus indépendant et sera fier de ses réalisations.

L'enseignant reste la meilleure ressource pour comprendre ce qui se déroule dans sa classe. Lorsqu'un enfant choisit de copier au lieu d'étudier, il en subit forcément les conséquences plus tard. En tant que parents, vous pouvez en parler à votre enfant et tenter de comprendre les raisons qui le poussent à agir ainsi. Quoi qu'il en soit, n'hésitez pas non plus à communiquer avec l'enseignant et à remettre la solution entre ses mains.

Certains enfants ont des difficultés d'apprentissage pour lesquelles ils peuvent recevoir de l'aide et d'autres ont un mal fou à apprendre, ce qui fait que l'aide reçue risque beaucoup moins d'être efficace. Pourquoi ? Apprendre n'est pas qu'un geste cérébral. Comme nous l'avons mentionné, il faut un minimum de bien-être intérieur pour apprendre. Il faut avoir pu se construire une certaine base sur le plan de la personnalité, c'est-à-dire avoir appris à partager, à renoncer, à s'intégrer et à acquérir — ou être en voie de le faire — les autres savoir-être et savoir-faire essentiels dont nous avons parlé dans ce livre. Les conséquences de ce manque de savoirs, tout comme les conséquences induites par de sérieuses difficultés sur le plan du développement affectif, peuvent suffire à entraver les apprentissages d'un enfant, même s'il n'a pas de véritables troubles d'apprentissage, soit des troubles qui sont explicables par des raisons d'ordre cognitif. C'est ce qu'on appelle « avoir mal à l'école ».

✓ Apprendre, c'est accepter de grandir, de devenir autonome, de se séparer de ses parents, de tolérer l'absence de l'autre. Celui qui n'est pas prêt à franchir ces étapes aura bien du mal à « étudier » sérieusement.

Astuce qui peut avoir des effets bénéfiques, mais pas pour les raisons que l'on croit

Pourquoi le fait de se préparer à tricher permet-il de réussir sans tricher ? Au secondaire, plusieurs de mes collègues de classe avaient le même moyen… un peu loufoque et risqué, mais fort utile. Certaines filles transcrivaient les notions à savoir par cœur sur leurs cuisses, pensant ainsi pouvoir recourir à l'information en cas de panne. Elles découvraient très rapidement qu'elles pouvaient répondre sans avoir à relever leur jupe pour retrouver les informations. En effet, les élèves qui ont pris le temps de résumer l'information sur une feuille de papier ou sur un espace restreint dans le but de tricher à l'examen ont rarement besoin de recourir à ce « résumé illicite ». Pourquoi ? Le simple fait de préparer l'information « à savoir absolument » pour l'inscrire clairement et le plus synthétiquement possible sur la cuisse ou sur une fiche constitue un travail mental suffisamment actif pour mémoriser l'information, pour la faire passer de la mémoire à court terme à la mémoire à long terme. En effet, il est toujours impressionnant de constater que l'information recherchée revient en mémoire sans qu'on ait à la lire si on l'a écrite. Sachant cela, on comprend mieux pourquoi des stratégies d'étude comme celles de schématiser, de résumer ou de retranscrire des mots-clés fonctionnent. Les jeunes qui aiment vivre dangereusement auraient intérêt à comprendre comment on apprend. Ils découvriraient que le fait d'étudier en se préparant à tricher, c'est une autre façon d'étudier ! En somme, l'enfant peut se préparer à un examen sans courir autant de risques s'il comprend qu'en le faisant de façon semblable, mais de manière légale, il n'a même plus à tricher pour réussir.

Astuce

Préparer des notes-synthèses à enregistrer pour les écouter le soir en s'endormant, afin que « l'inconscient apprenne pendant la nuit ». Voilà une technique bien répandue et qui constitue un autre bon moyen d'étude. Ce qui fonctionne, dans cette façon de faire, est toutefois bien différent de l'aspect magique auquel certains jeunes aiment croire en pensant étudier sans effort pendant leur sommeil. Le travail effectué avant la nuit pour résumer l'information à mémoriser est en soi une excellente façon d'étudier. La croyance que le jeune acquiert par la suite, celle d'étudier sa matière en l'écoutant durant la nuit, aide aussi certainement à la confiance dont il aura besoin lors de l'examen. Cette confiance serait toutefois bien vaine si le jeune enregistrait les notes d'un de ses confrères de classe dans le but de les étudier en dormant… tout simplement parce que ce ne serait pas lui qui les aurait résumées.

savoir étudier

Voici une liste de comportements susceptibles d'indiquer la présence de difficultés à **savoir étudier**. Les comportements mentionnés peuvent avoir d'autres explications. Toutefois, on peut penser que plus on relève de symptômes par rapport à ce savoir, plus il est important de chercher des moyens d'aider l'enfant à acquérir des habiletés dans ce domaine.

On peut penser que l'enfant a des difficultés à étudier si :

- ✓ il a besoin que vous soyez constamment à ses côtés pour qu'il fasse ses devoirs ;
- ✓ il ne sait pas comment étudier parce qu'il ne connaît pas de stratégies d'étude ;
- ✓ les devoirs tournent souvent en guerre de tranchées à la maison ;
- ✓ il ne fait que lire ses leçons et ne retient pas ce qu'il doit apprendre ;
- ✓ il oublie systématiquement ce qu'il semblait pourtant avoir maîtrisé la veille.

Savoir s'organiser

Quand l'enfant entre à l'école, ses parents l'aident à s'organiser. Ils achètent généralement avec grand plaisir ses effets scolaires et parfois même un petit bureau sur lequel le nouvel écolier fera ses devoirs. Toutefois, nombre d'enfants font leurs devoirs sur la table de la cuisine pendant les premières années scolaires ; mais vient le temps où ils ont besoin d'un endroit où ils peuvent travailler seuls et en toute tranquillité.

Le sujet qui amène généralement les discussions les plus animées entre parents et enfants concerne le temps alloué aux devoirs. Le moment et la durée des devoirs deviennent souvent des objets de litige entre eux. Pour les enfants et les parents qui vivent la période des devoirs comme une corvée, l'heure à laquelle il faut s'y mettre ainsi que sa durée deviennent rapidement problématiques. Alors que l'enfant repousse l'heure le plus possible et veut en finir rapidement, les parents s'engagent parfois avec tant de cœur que ce moment devient interminable.

Nous avons précédemment discuté de la place des parents dans les devoirs des enfants. Retenons simplement que plus les parents sont près du sac d'école (pour ne pas dire *dans* le sac d'école), plus ce genre de conflit risque d'arriver.

✓ Il faut tout mettre en œuvre pour que les enfants deviennent autonomes sur le plan intellectuel si l'on veut éviter les escalades et les guerres de pouvoir autour des devoirs. Cela ne se fait pas lorsque les parents renforcent la dépendance et la passivité de l'enfant en restant toujours auprès de lui pour faire ses devoirs. En mettant plutôt leur énergie à aider le jeune à s'organiser pour qu'il finisse par les faire lui-même, les parents préparent leur jeune à une vie scolaire beaucoup plus intéressante et mettent toutes les chances de leur côté pour qu'il s'y engage activement.

En apprenant à s'organiser, l'enfant évite les situations qu'il peut vivre comme autant d'ingérence de la part de ses parents. Il doit apprendre à s'organiser dans l'espace, dans le temps et avec ses effets personnels.

› SAVOIR S'ORGANISER... DANS L'ESPACE

À la maison, l'écolier doit s'habituer, dès son plus jeune âge, à travailler dans un endroit isolé des autres ou, tout au moins, là où il y a un minimum de distractions sonores ou visuelles. La cuisine est souvent la pièce centrale de la maison, et nombreux sont les parents qui installent les enfants autour de la table pour qu'ils fassent leurs devoirs pendant qu'eux-mêmes préparent le repas du soir. Il s'agit d'une façon bien pratique de superviser les jeunes et de se rendre disponibles tout en vaquant à leurs activités de parents. Toutefois, un piège guette la famille qui adopte ce type d'organisation. Plus les parents sont à proximité de l'enfant, plus ce dernier a tendance à demander leur aide. Or, comme nous l'avons mentionné, l'enfant doit acquérir une autonomie intellectuelle pour être en mesure d'apprendre à l'école. Celui qui demeure dépendant de ses parents pour s'organiser, penser, comprendre les consignes, étudier et mener ses travaux à terme risque de présenter des difficultés d'apprentissage liées à l'accumulation de retards ou à des problèmes d'organisation et de motivation, et de finir par se désintéresser de l'école, surtout si celle-ci devient l'affaire des parents plus que la sienne. Le seul fait de l'inciter à faire ses devoirs dans un endroit où il est un peu à l'écart des autres ou, tout au moins, à un moment où la famille ne se retrouve pas dans la cuisine à préparer un repas ou à faire la vaisselle marque pour l'enfant le sérieux de la démarche individuelle qu'il doit faire lorsqu'il se retrouve devant ses devoirs. Il peut ainsi se concentrer davantage puisque les sources de distractions sont réduites, tout comme l'accès trop facile à l'aide qui lui économise l'effort mental.

Le jeune enfant qui commence l'école a besoin de supervision, mais ce n'est pas une raison pour le placer dans des conditions qui auront tôt fait de le distraire de sa tâche et de l'inciter à devenir dépendant de ses parents. Mieux vaut l'habituer tôt à avoir un espace tranquille où il peut travailler sans distraction pour éviter qu'il vive un changement éventuel de pièce comme une perte ou un abandon parental.

Lorsqu'on planifie l'espace de travail d'un enfant à la maison, il faut s'assurer que la chaise et la table sur lesquelles il travaille sont conformes à sa grandeur et qu'il y a un éclairage adéquat. On suggère une lampe placée à gauche de la table s'il est droitier (le contraire s'il est gaucher), pour que sa main ne fasse pas d'ombre sur sa feuille lorsqu'il écrit. L'enfant peut lire ailleurs que là où il fait ses travaux écrits, mais jamais devant le téléviseur ! Pour ce qui est des leçons, nous suggérons aux parents de fournir à l'enfant un cahier brouillon dans lequel il pourra s'exercer, inventer ses exemples de règles de grammaire, écrire, dessiner, schématiser et illustrer tout ce dont il a besoin pour mieux comprendre, retenir, apprendre et, conséquemment, pour mieux étudier.

À l'école, c'est l'enseignant qui organise les lieux. Toutefois, pour certains enfants, notamment pour ceux qui présentent des difficultés d'attention ou d'apprentissage, on recommande différentes mesures faciles à mettre en place. Ainsi, on suggère généralement d'asseoir l'enfant le plus près possible de l'enseignant, devant le tableau, pour qu'il ait facilement accès aux informations qui y sont inscrites, sans que d'autres élèves le dérangent en bougeant devant lui, ce qui pourrait le distraire de sa tâche. On recommande aussi que l'enfant soit le plus loin possible des sources de distraction, comme les fenêtres, la poubelle et l'aiguisoir. Par ailleurs, s'il s'agit d'un enfant qui a besoin de bouger ou qui présente des tics, comme les enfants atteints du syndrome de Gilles de la Tourette, on suggère toujours de le placer à l'avant de la classe, mais cette fois sur le côté, pour éviter qu'il dérange ses pairs en bougeant. Dans certains cas, le fait de placer l'enfant à l'arrière de la classe peut être plus adapté à ses besoins, car certains d'entre eux, par exemple les hyperactifs, ne peuvent se concentrer que s'ils bougent.

› Savoir s'organiser... dans le temps

Être bien organisé, c'est avoir le temps de faire tout ce qu'on a à faire. C'est avoir le temps de faire ses devoirs, d'étudier ses leçons, de participer à une activité parascolaire, de voir ses amis, de se reposer et de passer de bons moments en famille sans devoir couper constamment dans les activités de loisirs pour y arriver.

L'agenda est évidemment un outil essentiel pour s'organiser dans le temps, et il faut apprendre à s'en servir. Il ne s'agit pas seulement de noter les devoirs au moment où l'enseignant les donne. L'enfant qui est bien organisé y note aussi ses activités parascolaires et inscrit en couleurs les échéances des travaux ou des exposés ; de cette façon, en un coup d'œil, il peut visualiser et planifier les moments qu'il pourra allouer à ces travaux. Il est important que l'enfant répartisse ses moments d'étude et ses devoirs plus importants ou à longue échéance afin d'éviter de se décourager en se mettant à la tâche à la dernière minute. De plus, celui qui prend l'habitude de travailler à la dernière minute court toujours le risque d'être pris de court par un imprévu (maladie ou autre), ce qui génère beaucoup de stress ou des attitudes démissionnaires quand les conséquences de ces retards s'avèrent trop lourdes. Il devient plus compliqué d'organiser les travaux d'équipe, d'où l'importance de s'y prendre à l'avance. En écrivant les dates d'échéance sur un calendrier, en plus de les inscrire à l'agenda, l'enfant obtient une vue globale du mois et de ce qu'il doit faire au cours de cette période.

On sait que la période de concentration optimale (en minutes) chez l'enfant équivaut à environ quatre fois son âge. On peut donc s'attendre à ce qu'un jeune de 8 ans puisse maintenir une bonne qualité d'attention durant près de 30 minutes (8 x 4 = 32). Il est donc irréaliste de demander à un enfant de cet âge de travailler sans arrêt pendant une heure avec une égale qualité d'attention. Il vaut mieux planifier des pauses pendant la période des devoirs et des leçons pour qu'il ait accès à toutes ses ressources attentionnelles au moment où il travaille. Pour certains, il est intéressant de séparer cette période en deux parties, avant et après le souper. D'autres font leurs devoirs ou l'étude de leurs leçons en deux temps, en soirée et tôt le matin. L'organisation temporelle des devoirs doit tenir compte des facteurs de réalité de la famille. Il s'agit de simplifier la tâche et non pas de la complexifier. Or, si l'enfant remet au lendemain matin une partie de ses devoirs et que cela contribue tout simplement à reporter les « hostilités » au moment où toute la famille court pour ne pas être en retard au travail et à l'école, on n'a rien gagné. Il est très important de planifier la période des devoirs et des leçons en tenant compte de plusieurs facteurs : l'organisation de la vie de famille, le nombre d'enfants et le nombre de parents dans la famille, les moments où l'adulte peut se rendre disponible *au besoin*, ainsi que les moments de la journée où le jeune est le plus disposé à travailler.

Trucs pour améliorer l'ambiance au moment des devoirs et des leçons

- Se détendre avant de commencer les devoirs. Exercice, jeu et collation permettent au corps et au cerveau de retrouver de l'énergie avant de reprendre le travail.
- Donner à l'enfant le choix de l'heure où il fera ses devoirs, à l'intérieur d'un cadre que vous aurez établi

à l'avance et qui convient à l'organisation de la famille. Par exemple, les parents peuvent donner à l'enfant le choix de l'heure à laquelle il devra faire ses devoirs en lui demandant: « Préfères-tu faire tes devoirs à 16 h 15 ou à 16 h 30 ? ». On s'entend pour dire qu'il s'agit parfois de « faux choix » qu'on demande de faire à l'enfant. De cette façon, il a plus de chances de s'approprier son choix, puisque celui-ci peut alors tenir compte d'une autre activité qu'il souhaite vraiment mettre à l'horaire, comme une émission de télévision ou des communications par ordinateur avec ses amis. Il importe que le jeune fasse son choix et qu'il s'y conforme. L'engagement qu'il prend doit ensuite être stable dans le temps et l'enfant doit le respecter avant de s'adonner à ses activités de loisirs. Certains enfants aiment mieux faire leurs devoirs durant la fin de semaine tellement ils ont un horaire chargé pendant la semaine. Certains divisent leurs travaux en gardant tous les devoirs pour la fin de semaine et ils se consacrent à leurs leçons durant la semaine.

- À l'intérieur de la période consacrée aux devoirs, le jeune doit apprendre à faire d'abord ce qu'il y a de plus urgent. C'est à lui de l'identifier et donc d'apprendre à bien juger de la situation. Par la suite, il pourra varier l'organisation du travail à l'intérieur d'une période de devoirs et de leçons. Ainsi, l'enfant pourrait parfois commencer par les devoirs les plus difficiles afin d'y travailler avec le maximum de concentration alors qu'à d'autres moments, il débuterait par ce qu'il préfère ou ce qui est le plus facile pour lui ; il prendra ainsi plaisir aux matières qu'il aime, mais qui se retrouveraient négligées s'il les abordait toujours dans un deuxième temps. Le jeune peut aussi choisir de toujours commencer par le devoir ou l'étude le plus difficile pendant une trentaine de minutes, avant de passer à autre chose pour y revenir par la suite. Vouloir tout faire d'un coup quand c'est exigeant est souvent décourageant et rebutant. Les parents doivent se rappeler leurs propres années d'école pour parfois dédramatiser les attitudes « ambivalentes » de leur jeune, ce qui, néanmoins, ne doit pas les empêcher de maintenir un cadre clair. Ils doivent aussi tenir compte des grandes différences qui existent entre le système d'éducation de leur époque et celui dans lequel les jeunes évoluent actuellement.

- En chronométrant de courtes périodes au cours desquelles l'enfant doit étudier ses mots de vocabulaire ou ses tables de multiplication, on intensifie ce genre d'étude qui, sans contraintes de temps, semble parfois interminable. Au terme de la période allouée, les parents conviennent avec l'enfant d'un nombre de mots ou de tables qu'ils lui demanderont… au hasard. Nul besoin de demander à l'enfant de réciter l'ensemble de ses leçons tous les soirs. Il faut lui faire confiance. S'il connaît bien les cinq leçons que vous lui avez demandées, on cesse l'interrogatoire. S'il en rate une, on reprend une série de cinq jusqu'à ce qu'il la réussisse.

Il est vrai que pour certains enfants, le facteur temps est le seul défi à surmonter, toute leur attention étant mise à terminer le plus vite possible. Dans de telles circonstances, nous sommes d'avis que le parent a un rôle à jouer pour aider le jeune à prendre conscience des conséquences possibles d'une telle attitude. On peut lui demander quelles sont les conséquences prévues à l'école pour un devoir bâclé et lui faire évaluer la qualité de son travail en se donnant une note sur 10. Par la suite, il faut espérer que le jeune vive vraiment des conséquences à l'école s'il décide, par exemple, de ne pas refaire un travail bâclé. Les parents qui craignent de se faire juger peuvent exprimer leur point de vue à l'enseignant et lui signaler leurs observations. Ils peuvent en profiter pour lui expliquer qu'ils souhaitent que les conséquences annoncées dans de telles situations soient réellement mises en place parce que c'est le seul véritable moyen d'inciter leur jeune à assumer ses responsabilités scolaires. Les parents ont beau vouloir la réussite de leur enfant, leur objectif n'est que rarement atteint; en effet, c'est eux qui mettent de la pression pour que l'étude et les devoirs soient faits correctement, mais ce ne sont pas eux qui ont l'autorité en cette matière et l'enfant le sait. À moyen terme, les parents qui adoptent cette attitude ne peuvent qu'engendrer des problèmes d'opposition sur un terrain qui aura de sérieuses conséquences dans la vie de l'enfant.

Astuce

Faire comprendre à l'enfant qu'il faut éviter de s'y prendre à la dernière minute pour les travaux de longue haleine afin de ne pas être pris au dépourvu en cas de maladie, de panne d'ordinateur ou d'imprimante. Il suffit parfois d'une seule expérience malheureuse pour que ces mauvaises habitudes changent. Celui qui est fier d'avoir malgré tout réussi à terminer son travail à la dernière minute se retrouve bien mal pris quand il se rend compte tout à coup qu'il manque d'encre dans l'imprimante pour pouvoir imprimer son travail au complet!

› SAVOIR S'ORGANISER… AVEC SES EFFETS PERSONNELS

Rien ne sert d'être bien organisé dans le temps et dans l'espace si l'on n'a pas les livres, les cahiers, l'agenda et le matériel pour faire ses devoirs, ou pire encore, si on les oublie à la maison la journée où il faut les remettre en classe. Par ailleurs, la seule façon d'avoir tous ses effets personnels à la maison, c'est de vérifier point par point ce qui est noté à l'agenda en se demandant quels sont les documents ou le matériel requis pour faire le travail demandé. Il faut donc avoir noté ce qu'il y a à faire et il faut avoir du temps pour le faire. Certains enfants ont besoin d'une liste écrite qu'ils vérifient pour s'assurer d'apporter tout ce dont ils ont besoin. L'élève qui a un déficit de l'attention ou un trouble d'apprentissage fera son sac d'école en fin de journée avec un compagnon de classe. Un autre apportera tous ses livres afin d'être certain de ne pas en oublier, bien que cela soit souvent à l'origine de maux de dos tant le sac d'école devient lourd !

Voici une liste de comportements susceptibles d'indiquer la présence de difficultés à **savoir s'organiser.** Les comportements mentionnés peuvent avoir d'autres explications. Toutefois, on peut penser que plus on relève de symptômes par rapport à ce savoir, plus il est important de chercher des moyens d'aider l'enfant à acquérir des habiletés dans ce domaine.

On peut penser que l'enfant a des difficultés à s'organiser si :

- ✓ il ne parvient pas à s'organiser devant une tâche ;
- ✓ son espace de travail est désorganisé et il n'est jamais propice à l'étude ;
- ✓ il est brouillon et très approximatif dans tout ce qu'il fait ;
- ✓ il n'arrive pas à s'organiser dans le temps et à répondre dans les échéances fixées ;
- ✓ il est toujours à la dernière minute ou en retard ;
- ✓ il n'a que rarement tous les effets personnels dont il a besoin pour faire ses travaux scolaires ;
- ✓ il oublie à la maison ses devoirs et ses effets personnels.

SAVOIR RÉUSSIR POUR MIEUX VIVRE L'ÉCOLE

Les élèves qui vivent des problèmes d'adaptation, de comportement ou d'apprentissage à l'école ont évidemment beaucoup plus de mal à s'épanouir dans ce milieu parfois devenu pour eux synonyme de « violence ». Dans ce contexte, c'est un enjeu de taille que de « savoir réussir » pour mieux vivre l'école ! Voici quelques pistes pour comprendre et aider ces enfants qui, jour après jour, se lèvent avec le « mal d'école ».

› QUAND L'ENFANT A « MAL À L'ÉCOLE »

Chaque jour, les élèves en difficulté font face à des situations qu'ils ne parviennent pas à gérer comme on le leur demande. Ils n'aiment pas l'école. Ils y sont malheureux et souvent victimes de rejet. Ce « mal d'école » se traduit par un désintérêt graduel, de la tristesse, un niveau de stress élevé, des problèmes de socialisation, des troubles de comportement et même des manifestations physiques – maux de ventre ou de tête, nausées – qui ne surviennent que les jours d'école.

Dans certains cas, les enfants ont de réels troubles d'apprentissage (dyslexie, dysorthographie, dyscalculie) qui dégénèrent en « mal d'école » lorsqu'ils ne sont pas diagnostiqués assez tôt. Les facteurs affectifs qui se greffent au problème initial contribuent à accentuer les symptômes et à empêcher bien souvent que les mesures destinées à remédier à la situation portent des fruits. Toutefois, il arrive que des enfants vivent des échecs scolaires qui se perpétuent d'année en année, sans pour autant présenter de réels troubles d'apprentissage. Leurs difficultés s'expliquent autrement, notamment par des raisons d'ordre affectif qui peuvent être assez marquantes pour avoir des effets sur leur développement social et cognitif.

Parmi les facteurs affectifs qui freinent l'apprentissage scolaire, les plus fréquents sont l'immaturité et l'anxiété. Certains enfants refusent d'apprendre... pour ne pas grandir ! Grandir, c'est se séparer de ses parents, c'est investir le monde extérieur, c'est affronter la nouveauté. Pour les parents, c'est aussi laisser grandir l'enfant, le laisser s'éloigner pour qu'il poursuive son développement en allant aussi chercher ailleurs que dans le confort familial ce dont il a besoin pour bien vivre en société à l'âge adulte. En d'autres mots, c'est lui faire confiance et le laisser sortir du nid afin de le laisser vivre de nouvelles expériences. Pour l'enfant, réussir l'école, c'est donc aussi accepter de se séparer de ses parents pour mieux vivre sa vie.

En restant « petit » et immature devant ses tâches scolaires et le milieu en général, l'enfant continue de s'assurer la présence bienveillante de parents qui l'aident et l'encadrent, et qui restent une garantie de sécurité et de confort. En revanche, il n'est pas assez autonome en milieu scolaire, notamment lorsqu'il doit s'organiser et réfléchir seul lors d'un contrôle. Pour bien apprendre à l'école, il faut que l'enfant ait tissé des liens lui permettant de supporter l'angoisse d'une séparation. Sinon, il risque de ressentir une grande anxiété à l'école, ce qui diminue ses capacités d'attention et, par conséquent, sa compréhension et sa capacité de mémorisation. Or, une anxiété pathologique peut se transformer en phobie, voire en refus scolaire, ce qui handicape lourdement l'épanouissement de l'enfant à l'école.

De multiples autres raisons, qui prennent souvent leur origine dans la famille, peuvent nuire à l'utilisation du plein potentiel d'adaptation et d'apprentissage de l'enfant à l'école. Ainsi, l'enfant peut trouver gênant et compliqué d'être meilleur à l'école que son frère aîné ou, dans certains cas, qu'un de ses parents qui a ou qui a eu des difficultés d'apprentissage. Il arrive aussi souvent, au grand étonnement des parents, que le petit dernier manque d'intérêt quand il commence l'école alors que le premier s'y intéressait grandement et réussissait même très bien. Pour se distinguer de son aîné, le plus jeune a peut-être inconsciemment « préféré » jouer et faire preuve d'une adresse motrice exceptionnelle dès son tout jeune âge. Il aime l'école pour les récréations et l'éducation physique : pourquoi réussir sur le plan scolaire quand son aîné a déjà gagné l'admiration de ses parents sur ce plan ? Même en devenant très bon à l'école, il n'étonnera personne. Alors, pourquoi ne pas investir ailleurs ?

› Une place au sein du groupe

L'enfant forge sa personnalité en s'identifiant puis en s'opposant tour à tour aux différents membres de la cellule familiale.

Par la suite, l'identification aux compagnons d'école devient un facteur déterminant dans son développement et son intégration scolaire, voire sociale. Certains écoliers se font étiqueter par leurs pairs. Chaque classe a un bouc émissaire, une tête de Turc. On affuble certains enfants d'étiquettes comme le « caïd », le « nerd », le « bébé lala », le « bollé » ou le « chouchou », et cela affecte les enfants. La situation devient très difficile à changer parce que les étiquettes sont constamment renforcées par le groupe.

Pour « le petit Michou à sa maman », le cauchemar commence dès le réveil, lorsqu'il pense qu'il va encore devoir faire face à « Jojo la terreur », celui qui a brisé ses lunettes la veille, qui l'a tourné en ridicule devant ses pairs l'avant-veille et qui, chaque jour, lui arrache sa tuque dans la cour d'école. Les petits et les grands drames de la vie quotidienne qui se jouent à l'école marquent et blessent parfois de façon irréversible. Ainsi confiné dans un rôle dont il ne peut pas sortir, l'écolier est nécessairement moins disponible pour apprendre ou, tout au moins, assez malheureux à l'école pour ne plus être en mesure de s'y engager pleinement.

L'école en question...

Il arrive aussi que l'école elle-même induise ou accentue ce « mal d'école ». Une enseignante trop autoritaire, un manque de ressources ou une orientation scolaire inadéquate empêche l'enfant de s'y ancrer positivement. C'est aussi vrai lorsque l'enfant change plusieurs fois d'école en raison de déménagements successifs. De plus, nous savons que la relation de l'enfant avec l'enseignant et les intervenants qui comptent à ses yeux est un facteur déterminant pour son engagement à l'école. Cela est particulièrement vrai pour les enfants les plus vulnérables ; la surcharge et le roulement des enseignants sont pour eux des problèmes de taille. Ces intervenants n'étant pas interchangeables, l'absence de repères stables constitue parfois un nouveau facteur de risque pour ces élèves.

Il existe encore trop d'enfants en difficulté dont on n'a pas établi clairement le diagnostic pour leurs problèmes d'apprentissage, ce qui réduit la spécificité d'éventuels plans d'intervention. Le fait que ces enfants soient maintenant intégrés le plus possible dans les classes régulières, déjà surchargées, ne facilite pas nécessairement les choses, car les écoles manquent encore trop souvent d'effectifs pour répondre à leurs besoins et faire de cette intégration une réussite. Ces enfants passent souvent plusieurs années à l'école sans recevoir l'aide dont ils ont besoin. Dans ces circonstances, certains subissent un grand stress qui, conjugué à leur sentiment de dévalorisation toujours croissant, fait que les interventions, une fois mises en place, sont vouées à l'échec. Lorsque les parents s'aperçoivent que leur enfant risque, à long terme, de décrocher de l'école et de souffrir d'inadaptation psychosociale, ils tombent souvent, en désespoir de cause, dans le piège de vouloir suppléer au manque de ressources en milieu scolaire. Ils vont, par exemple, se substituer au professeur ou à l'orthopédagogue en faisant travailler l'enfant à la maison. Bien que l'objectif soit louable, ce moyen est la plupart du temps peu efficace, voire, dans certains cas, contre-indiqué à cause des problèmes familiaux que cela cause par la suite.

Dans toute situation, trop aider équivaut souvent à négliger. Les parents qui accompagnent l'enfant afin qu'il fasse le plus possible ses pas tout seul l'encouragent à grandir et à s'adapter aux mille et une situations auxquelles il devra faire face durant sa vie. Pour adopter cette attitude, il faut qu'ils soient convaincus que l'école ayant la charge de leur enfant saura répondre à ses besoins, aussi spécifiques soient-ils. Pour ce faire, les enseignants et les spécialistes qui y œuvrent doivent pouvoir agir et intervenir efficacement, ce qui n'est malheureusement pas toujours le cas, compte tenu du trop grand nombre d'élèves par classe et du manque flagrant de ressources. Pour le moment, force est de constater qu'il y a encore trop d'enfants qui vivent l'école comme un cauchemar qui ne prendra fin, chez certains, que lorsqu'ils auront atteint l'âge d'arrêter leur scolarisation. Il est donc important que les parents restent vigilants par rapport à ce que leur enfant vit à l'école et qu'ils en discutent avec les intervenants scolaires s'ils sont inquiets. Au besoin, il leur faut consulter des spécialistes.

› POUR AIDER UN ENFANT EN DIFFICULTÉ À L'ÉCOLE

- Rester attentif aux émotions et aux comportements de son enfant pour être au fait de ce qu'il vit réellement à l'école. En cas d'inquiétude, en discuter avec l'enseignant.
- Éviter de se substituer aux enseignants ou aux spécialistes.
- Accompagner l'enfant tout en maintenant une juste distance, ni trop près ni trop loin, et l'encourager à utiliser au maximum les ressources de l'école : enseignants, professionnels, camarades de classe, ouvrages de référence, etc.
- Agir comme modèle plutôt que comme enseignant, raconter ses propres expériences à l'école, proposer des moyens d'étudier sans reprendre tout le contenu qui

n'a pas été intégré, encourager l'enfant à aller voir son enseignant pour poser des questions ou donner l'exemple de ce que vous feriez à la place de votre enfant devant telle ou telle situation problématique.

- De façon générale, lui donner des moyens plutôt que des réponses ou des punitions pour tout ce qui concerne l'école.
- Faire en sorte qu'une tierce personne (tuteur, professionnel, parent) assure le relais au besoin durant la période des devoirs pour éviter que les relations familiales prennent la couleur des problèmes scolaires. Ne pas oublier que l'école, c'est d'abord et surtout l'affaire de l'enfant et des intervenants du milieu scolaire.
- Aux premiers signes de difficultés d'apprentissage, insister pour que l'enfant soit évalué à l'école. Il faut intervenir à temps pour éviter que le problème dégénère en stress, en tristesse, voire en refus d'aller à l'école. S'assurer ensuite que les évaluations et les interventions nécessaires à la réussite scolaire de l'enfant sont effectivement mises en place. Si la demande n'est pas acceptée, vous adresser à la commission scolaire ou vous informer auprès d'associations œuvrant auprès des enfants en difficulté.

Astuce

Il est important de nommer précisément ce qui fonctionne et ce qui ne fonctionne pas chez l'enfant qui vit des difficultés. Certains n'osent pas le faire pour ménager l'estime de soi de ces jeunes. Préserver son estime de soi ne consiste certainement pas à faire des éloges généraux à l'enfant sur ses compétences, quand il sait très bien qu'il ne réussit pas comme les autres. Cet enfant a plus que tout autre besoin d'entendre de vrais commentaires où l'on nomme ses progrès tout autant que ses difficultés, unique façon d'être crédible à ses yeux. Pour que le commentaire positif passe, il doit savoir qu'on peut lui dire aussi ce qu'il sait déjà : l'école n'est pas sa « tasse de thé » ! Par contre, il ne faut pas se gêner pour discuter de ses faiblesses comme de ses compétences en d'autres domaines. Celui qu'on ménage en ne voulant pas dire ce qu'on pense réellement de sa situation pour ne pas porter atteinte à son estime de soi n'est pas dupe. Cette façon de faire le fragilise même et équivaut à un manque de respect.

L'enfant en difficulté a tout intérêt à acquérir un sentiment de compétence dans un domaine ou dans l'autre. Bien souvent, c'est par une activité parascolaire qu'il développe ce sentiment sur lequel il pourra s'appuyer lorsqu'il sera à nouveau devant un échec. Réussir à l'école ou en dehors de l'école, cela s'équivaut en bout de course, si les expériences de vie du jeune sont plus positives que négatives.

Conclusion

Pour apprendre, l'écolier a besoin de bien plus qu'un cerveau en bon état. L'apprentissage est un processus complexe qui implique de nombreux savoirs, tant sur le plan instrumental que sur celui de la personnalité, puisque l'école est d'abord et avant tout un lieu de socialisation et de perfectionnement. Celui qui y entre sans trouver une place intéressante au sein du groupe risque plus qu'un autre de se retrouver d'emblée en difficulté. Celui qui a du mal à s'intégrer a moins d'énergie à mettre pour apprendre, puisqu'il doit parfois tenter de se défendre des autres ou encore essayer de se faire accepter dans les travaux d'équipe ou dans la cour de récréation. Le seul fait de ne pas avoir de plaisir à l'école, et ce, pour toutes sortes de raisons (scolaires, personnelles ou familiales), crée une certaine injustice puisque le plaisir recharge les piles de celui ou de celle qui apprend. C'est ainsi que les savoirs de base dont nous avons parlé tout au long de cet ouvrage sont utiles et même nécessaires à la bonne intégration de tout enfant à l'école.

Comme nous l'avons vu dans les pages qui précèdent, « savoir réussir à l'école » est beaucoup plus complexe que de savoir étudier pour réussir un examen, une année scolaire ou obtenir un diplôme. Savoir réussir, c'est, certes, à petite échelle, savoir emmagasiner suffisamment de connaissances et d'habiletés pour passer ses examens et obtenir un diplôme. Toutefois, nous connaissons tous des gens qui ont réussi leur vie sans diplôme ou des gens qui ont été diplômés sans pour autant avoir réussi leur vie, en ce sens que pour vivre, ils demeurent dépendants de leurs parents, de leur environnement ou de leur gouvernement. Réussir sa vie, c'est beaucoup plus vaste que de réussir ses études. Nous avons insisté tout au long du présent ouvrage sur l'importance de développer plus que le « savoir apprendre » ou le « savoir étudier » pour bien vivre l'école et réussir. En effet, si l'on veut utiliser les connaissances et les habiletés acquises à l'école, il faut savoir vivre en société, avec les autres, et surtout, avec soi-même, ce qui implique beaucoup de choses, notamment le fait de se connaître, de savoir ce qu'on veut, ce qu'on aime, ce qu'on n'aime pas, comment aller là où nos choix devraient nous mener, avoir la conviction qu'on peut y arriver ou la sagesse de renoncer devant l'adversité, etc. L'école est le lieu par excellence pour apprendre tout cela, pour apprendre à vivre afin de réussir sa vie.

Tant d'écueils jalonnent la route de l'écolier ! Chacun d'eux constitue une leçon, une expérience, l'occasion d'apprendre quelque chose qui servira tout au long de ses années d'études et pendant toute sa vie. Le rôle des parents et des adultes qui accompagnent les enfants dans leur développement est donc bien plus vaste que celui d'enseignant ou d'éducateur. Chaque adulte agit un peu comme un phare, un pôle de référence dans la vie de l'enfant, et lui suggère à une période bien précise de sa vie certains moyens dont il a besoin pour apprendre à l'école, pour se faire des amis, pour s'ouvrir à la vie affective, etc. D'autres prendront le relais pour que ce travail se poursuive tout au long de la vie.

Nous devons donc être conscients de notre rôle dans la vie de ceux qui nous entourent. De même, pour réussir à l'école et pour réussir sa vie, nous devons avoir la chance de rencontrer des gens qui savent nous accompagner à juste distance dans les expériences que nous vivons.

Comme nous l'avons vu, pour apprendre et compenser nos lacunes, il faut le vouloir et le pouvoir. Il est donc capital d'acquérir tout au long de la vie scolaire des attitudes favorables à l'apprentissage et à la vie en société, apprendre des stratégies qui seront utiles et efficaces et… viser plus haut, toujours un peu plus haut et toujours faire un peu plus que ce dont on a envie. Du sable peut s'insérer dans l'engrenage à n'importe quel moment, alors que tout semblait baigner dans l'huile. Il faut donc rester vigilant parce que l'appareil complexe permettant ou non de réussir peut à tout moment subir des transformations qui risquent de changer le cours des choses ou en empêcher le cours normal…

Dernière astuce

Chercher constamment à se dépasser soi-même en faisant toujours un peu plus que ce dont on a envie : cela vaut pour le travail comme pour le repos et l'exercice physique. Faire toujours un peu plus permet de faire au moins ce qui est nécessaire.

Annexes

Annexe I
Portrait fonctionnel : troubles d'apprentissage

Comment dresser le portrait fonctionnel de l'enfant ? D'abord, il importe de lire les séries d'énoncés qui suivent et de trouver ceux qui correspondent à votre enfant. Plus nombreux sont les énoncés qui s'apparentent à votre enfant, plus celui-ci pourrait être aux prises avec l'une ou l'autre des problématiques présentées.

Une fois que vous avez fait vos observations en vous servant de ces grilles, il est toujours pertinent de faire la même cueillette d'information auprès des enseignants. Cela nous permet de voir les similitudes et les différences de perception et de vécu dans les milieux où évolue le jeune.

Le portrait fonctionnel que nous proposons ici est loin d'être un outil d'évaluation standardisé. Nous avons regroupé des indices qui peuvent aider parents et intervenants à préciser leurs hypothèses diagnostiques avant de procéder à une évaluation plus formelle.

Enfin, les différentes problématiques illustrées ici sous forme de listes d'indices peuvent s'associer les unes aux autres, d'où la grande probabilité de retrouver des symptômes dans plusieurs catégories.

Indices pouvant aider à reconnaître la nature des difficultés ou du trouble d'apprentissage d'un enfant

Dyslexie/dysorthographie	**oui**	**non**
L'enfant a eu des difficultés à apprendre à lire.	❑	❑
Il confond encore des lettres entre elles (b/d, p/q, v/f, d/t, é/è, etc.).	❑	❑
Il a beaucoup de difficulté à s'organiser dans le temps.	❑	❑
Il a peu de repères spatiaux (confond la droite et la gauche).	❑	❑
Il a parfois du mal à trouver le mot juste quand il parle.	❑	❑
Il présente un retard significatif sur le plan de la conscience phonologique.	❑	❑
Il a du mal à structurer ses phrases, à l'oral comme à l'écrit.	❑	❑
Il présente un écart significatif entre ses habiletés intellectuelles verbales et non verbales.	❑	❑
Il s'impatiente quand on tente de lui donner des explications verbales.	❑	❑
Il apprend mieux par l'exemple (démonstrations) que par des explications.	❑	❑
Il a de la difficulté à comprendre les consignes qui sont un peu longues.	❑	❑
Il a tendance à faire répéter quand on lui parle.	❑	❑
Il présente un écart important de rendement entre le français et les mathématiques au détriment du français.	❑	❑

	oui	non
Il présente un écart de rendement entre son quotient intellectuel et son niveau de lecture et d'écriture.	❑	❑
Il a du mal à mémoriser les tables de multiplication.	❑	❑
Il a de la difficulté à écrire sa démarche en résolutions de problèmes.	❑	❑
Il intervertit parfois l'ordre des chiffres (il écrit 24 au lieu de 42).	❑	❑
Il a du mal à apprendre le nom de certains nombres (ex: 60-70-80-90).	❑	❑
Il a du mal à tenir compte de tous les détails et nuances dans un texte.	❑	❑
Il a des difficultés à suivre toutes les étapes dans une procédure.	❑	❑
Il lit mieux mentalement (« dans sa tête ») qu'à voix haute.	❑	❑
Il manque souvent de temps pour terminer un examen.	❑	❑
La période des devoirs est longue et pénible.	❑	❑
Il a tendance à oublier ce qu'il semble pourtant avoir bien compris.	❑	❑
Il a beaucoup de difficultés à apprendre des règles (de jeux, règles sociales ou grammaticales).	❑	❑
Il présente certaines difficultés de comportement (impulsif, colérique…).	❑	❑
Il semble souvent peu sensible aux consignes qu'on lui donne verbalement.	❑	❑

On a déjà évoqué l'hypothèse d'un déficit de l'attention. ❑ ❑

Ses réponses sont souvent approximatives ou incomplètes. ❑ ❑

Il est brouillon et approximatif dans tout ce qu'il fait. ❑ ❑

Il n'arrive pas à se concentrer sur ce qui lui est dit mais devient très attentif dès qu'il a un soutien visuel pour mieux comprendre. ❑ ❑

Il est particulièrement doué pour les activités complexes et dans lesquelles on doit tenir compte de plusieurs éléments à la fois: les jeux d'échecs, l'ordinateur et tous les jeux de construction. ❑ ❑

Il a du mal à acquérir des automatismes (sur le plan des connaissances usuelles, des gestes quotidiens comme attacher ses lacets, en grammaire, etc.). ❑ ❑

Ses difficultés persistent en dépit d'interventions appropriées (critère déterminant pour distinguer les difficultés du trouble d'apprentissage). ❑ ❑

Dysfonctions non verbales

Il a de la difficulté à s'intégrer socialement. ❑ ❑

Il s'exprime bien verbalement mais souvent sans l'émotion appropriée. ❑ ❑

Il fait preuve d'une pauvreté du jugement social et d'immaturité. ❑ ❑

Il a de la difficulté à s'adapter aux changements (rigidité). ❑ ❑

Il a de la facilité à apprendre « par cœur ». ❑ ❑

Il présente des troubles d'apprentissage en mathématiques (dyscalculie), notamment d'importantes difficultés en géométrie. ❑ ❑

	oui	non
Ses difficultés persistent en dépit d'interventions appropriées (critère déterminant pour distinguer les difficultés du trouble d'apprentissage).	❑	❑

Dyscalculie

Il a de la difficulté à apprendre les bases mêmes du calcul et à saisir le concept du nombre.	❑	❑
Il présente un écart de rendement significatif entre ses habiletés en mathématiques et en français, ces dernières étant nettement supérieures.	❑	❑
Il a des habiletés visuo-spatiales nettement inférieures à la moyenne.	❑	❑
Ses difficultés persistent en dépit d'interventions appropriées (critère déterminant pour distinguer les difficultés du trouble d'apprentissage).	❑	❑

Troubles praxiques

Il est maladroit.	❑	❑
Il fait de nombreux dégâts.	❑	❑
Il n'a jamais aimé dessiner.	❑	❑
Il n'est pas habile pour lacer, découper, dessiner, colorier.	❑	❑
Il a du mal à se boutonner ou il a eu des difficultés à l'apprendre.	❑	❑
Il a des difficultés à faire des casse-têtes.	❑	❑
Il n'a aucun intérêt pour les activités de motricité fine comme le bricolage.	❑	❑

	oui	non
Il déteste écrire.	❑	❑
Il a du mal à tenir son crayon adéquatement.	❑	❑
Il se plaint de douleur à la main lorsqu'il écrit ou dessine.	❑	❑
Il ne sait pas encore faire du vélo ou l'a appris tard.	❑	❑
Il a du mal à écrire sur une ligne.	❑	❑
Ses lettres sont mal tracées et de grosseur inégale ou exagérée.	❑	❑
Il aligne mal ses colonnes de chiffres (opérations mathématiques).	❑	❑
Ses difficultés persistent en dépit d'interventions appropriées (critère déterminant pour distinguer les difficultés du trouble d'apprentissage).	❑	❑

Annexe II
Portrait fonctionnel : trouble déficitaire de l'attention, avec ou sans hyperactivité

	oui	**non**
Il a de la difficulté à se faire des amis et à les garder.	☐	☒
Il a tendance à beaucoup bouger (pieds et mains).	☒	☐
Il se tortille sur sa chaise et a du mal à rester assis longtemps.	☒	☐
On le trouve étourdissant et parfois même téméraire.	☐	☒
Il manque de concentration en classe comme pendant les devoirs.	☒	☐
Il a toujours besoin de quelqu'un à ses côtés pour l'aider à s'organiser.	☐	☒
Il est facilement distrait par ce qui se passe autour de lui.	☒	☐
Il a toujours besoin de jouer avec quelque chose, de tenir un objet dans ses mains.	☒	☐
Il est souvent dans la lune.	☒	☐
Il parle souvent de façon excessive (fort et sans arrêt).	☒	☐
Il répond souvent aux questions ou aux consignes avant qu'elles soient terminées.	☐	☒
Il a du mal à attendre son tour.	☒	☐
Il a du mal à persévérer dans une tâche, quelle qu'en soit la nature.	☒	☐
Il change souvent d'activité.	☒	☐
On doit souvent répéter parce qu'il oublie ce qu'on lui demande.	☐	☒

	oui	non
Il perd ou oublie facilement ses effets personnels.	☐	☒
Il est impulsif dans ses réponses comme dans ses comportements.	☒	☐
Il évite les tâches qui demandent un effort soutenu.	☒	☐
Il peut être porté à oublier ses responsabilités quotidiennes.	☐	☒
Ces comportements ont commencé au minimum quand il est entré à l'école (avant 7 ans).	☒	☐
Ces difficultés sont fréquentes et continuelles depuis plus de six mois et sont présentes dans différents contextes (à l'école comme à la maison ou chez des amis).	☒	☐
Il présente des difficultés dans plusieurs matières à l'école.	☒	☐
Une autre personne de la famille présente ce même type de difficultés.	☒	☐
Ses réponses, ses attitudes ou ses comportements paraissent parfois bizarres.	☐	☒

Ressources

Bédard, Jean-Luc, Gilles Gagnon, Luc Lacroix et Fernand Pellerin. *Modèle d'apprentissage et d'intervention psychopédagogique. Tome I - Les styles d'apprentissage.* Victoriaville : Psychocognition BGLP, 2002. 326 p.

Bédard, Jean-Luc, Gilles Gagnon, Luc Lacroix et Fernand Pellerin. *Modèle d'apprentissage et d'intervention psychopédagogique. Tome II – Le projet et les opérations mentales.* Victoriaville : Psychocognition BGLP, 2006. 282 p.

Bédard, Jean-Luc, Gilles Gagnon, Luc Lacroix et Fernand Pellerin. *Modèle d'apprentissage et d'intervention psychopédagogique. Tome III – L'intervention psychopédagogique.* Victoriaville : Psychocognition BGLP, 2007. 524 p.

Béliveau, Marie-Claude. *Au retour de l'école... La place des parents dans l'apprentissage scolaire.* 2e éd. Montréal : Éditions du CHU Sainte-Justine, 2004. 280 p.

Béliveau, Marie-Claude. *J'ai mal à l'école – Difficultés scolaires et troubles affectifs.* Montréal : Éditions du CHU Sainte-Justine, 2002. 168 p.

Béliveau, Marie-Claude. *Dyslexie et autres maux d'école – Quand et comment intervenir.* Montréal : Éditions du CHU Sainte-Justine, 2007. 298 p.

Bourcier, Sylvie. *L'enfant et les écrans.* Montréal : Éditions du CHU Sainte-Justine, 2010. 184 p.

De la Garanderie, Antoine. *Réussir, ça s'apprend : un guide pour tous les parents.* Paris : Bayard, 1994. 198 p.

Duclos, Germain. *La motivation à l'école, un passeport pour l'avenir.* Montréal : Éditions du CHU Sainte-Justine, 2010. 184 p.

Duclos, Germain. *Guider mon enfant dans sa vie scolaire.* 2e éd. Montréal : Éditions du CHU Sainte-Justine, 2006. 280 p.

Ouvrages parus dans la même collection

Accompagner son enfant prématuré
De la naissance à cinq ans
Sylvie Louis
ISBN 978-2-89619-085-0 2007/216 p.

Ados : mode d'emploi
Michel Delagrave
ISBN 2-89619-016-3 2005/176 p.

L'agressivité chez l'enfant de 0 à 5 ans
Sylvie Bourcier
ISBN 978-2-89619-125-3 2008/220 p.

Aide-moi à te parler !
La communication parent-enfant
Gilles Julien
ISBN 2-922770-96-6 2004/144 p.

Aider à prévenir le suicide chez les jeunes
2e édition
Michèle Lambin
ISBN 978-2-89619-196-3 2010/346 p.

L'allaitement maternel
2e édition
Comité pour la promotion de l'allaitement maternel de l'Hôpital Sainte-Justine
ISBN 2-922770-57-5 2002/104 p.

Apprivoiser l'hyperactivité et le déficit de l'attention
2e édition
Colette Sauvé
ISBN 978-2-89619-095-9 2007/132 p.

L'asthme chez l'enfant
Pour une prise en charge efficace
Sous la direction de Denis Bérubé, Sylvie Laporte et Robert L. Thivierge
ISBN 2-89619-057-0 2006/168 p.

L'attachement, un départ pour la vie
Gloria Jeliu, Gilles Fortin et Yvon Gauthier
ISBN 978-2-89619-145-1 2009/132 p.

Au-delà de la déficience physique ou intellectuelle
Un enfant à découvrir
Francine Ferland
ISBN 2-922770-09-5 2001/232 p.

Au fil des jours... après l'accouchement
L'équipe de périnatalité de l'Hôpital Sainte-Justine
ISBN 2-922770-18-4 2001/96 p.

Au retour de l'école...
La place des parents dans l'apprentissage scolaire
2e édition
Marie-Claude Béliveau
ISBN 2-922770-80-X 2004/280 p.

Avant et après bébé
Exercices et conseils
Chantale Dumoulin
ISBN 978-2-89619-426-1 2011/232 p.

Choisir pour deux
L'alimentation de la femme enceinte
Renée Cyr
ISBN 978-289619-432-2 2011/144 p.

Comprendre et guider le jeune enfant
À la maison, à la garderie
Sylvie Bourcier
ISBN 2-922770-85-0 2004/168 p.

De la tétée à la cuillère
Bien nourrir mon enfant de 0 à 1 an
Linda Benabdesselam et autres
ISBN 2-922770-86-9 2004/144 p.

Le développement de l'enfant au quotidien
Du berceau à l'école primaire
Francine Ferland
ISBN 2-89619-002-3 2004/248 p.

Le diabète chez l'enfant et l'adolescent
Louis Geoffroy, Monique Gonthier et les autres membres de l'équipe de la Clinique du diabète de l'Hôpital Sainte-Justine
ISBN 2-922770-47-8 2003/368 p.

La discipline, un jeu d'enfant
Brigitte Racine
ISBN 978-2-89619-119-2 2008/136 p.

Drogues et adolescence
Réponses aux questions des parents - 2e édition
Étienne Gaudet
ISBN 978-2-89619-180-2 2009/136 p.

Dyslexie et autres maux d'école
Quand et comment intervenir
Marie-Claude Béliveau
ISBN 978-2-89619-121-5 2007/296 p.

Enfances blessées, sociétés appauvries
Drames d'enfants aux conséquences sérieuses
Gilles Julien
ISBN 2-89619-036-8 2005/256 p.

L'enfant adopté dans le monde
(en quinze chapitres et demi)
Jean-François Chicoine, Patricia Germain et Johanne Lemieux
ISBN 2-922770-56-7 2003/480 p.

L'enfant et les écrans
Sylvie Bourcier
ISBN 978-2-89619-253-3 2010/184 p.

L'ENFANT, L'ADOLESCENT ET LE SPORT DE COMPÉTITION
Sous la direction de Line Déziel
ISBN 978-2-89619-420-9 2010/200 p.

L'ENFANT MALADE
RÉPERCUSSIONS ET ESPOIRS
Johanne Boivin, Sylvain Palardy et Geneviève Tellier
ISBN 2-921858-96-7 2000/96 p.

L'ENFANT VICTIME D'AGRESSION SEXUELLE
COMPRENDRE ET AIDER
Frédérique Saint-Pierre et Marie-France Viau
ISBN 978-2-89619-237-3 2010/232 p.

ENFIN JE DORS... ET MES PARENTS AUSSI
Evelyne Martello
ISBN 978-2-89619-082-9 2007/120 p.

L'ÉPILEPSIE CHEZ L'ENFANT ET L'ADOLESCENT
Anne Lortie, Michel Vanasse et autres
ISBN 2-89619-070-8 2006/208 p.

L'ESTIME DE SOI DES ADOLESCENTS
Germain Duclos, Danielle Laporte et Jacques Ross
ISBN 2-922770-42-7 2002/96 p.

L'ESTIME DE SOI DES 6-12 ANS
Danielle Laporte et Lise Sévigny
ISBN 2-922770-44-3 2002/112 p.

L'ESTIME DE SOI, UN PASSEPORT POUR LA VIE
3e ÉDITION
Germain Duclos
ISBN 978-2-89619-254-0 2010/248 p.

ET SI ON JOUAIT ?
LE JEU DURANT L'ENFANCE ET POUR TOUTE LA VIE – 2e ÉDITION
Francine Ferland
ISBN 2-89619-035-X 2005/212 p.

ÊTRE PARENT, UNE AFFAIRE DE CŒUR
2e ÉDITION
Danielle Laporte
ISBN 2-89619-021-X 2005/280 p.

Famille, qu'apportes-tu à l'enfant ?
Michel Lemay
ISBN 2-922770-11-7 2001/216 p.

La famille recomposée
Une famille composée sur un air différent
Marie-Christine Saint-Jacques et Claudine Parent
ISBN 2-922770-33-8 2002/144 p.

Favoriser l'estime de soi des 0-6 ans
Danielle Laporte
ISBN 2-922770-43-5 2002/112 p.

Le grand monde des petits de 0 à 5 ans
Sylvie Bourcier
ISBN 2-89619-063-5 2006/168 p.

Grands-parents aujourd'hui - Plaisirs et pièges
Francine Ferland
ISBN 2-922770-60-5 2003/152 p.

Guide Info-Famille
Organismes-Livres-Sites Internet-dvd
Centre d'information du CHU Sainte-Justine
ISBN 978-2-89619-137-6 2008/600 p.

Guide pour parents inquiets
Aimer sans se culpabiliser – 2e édition
Michel Maziade
ISBN 978-2-89619-255-7 2010/208 p.

Guider mon enfant dans sa vie scolaire
2e édition
Germain Duclos
ISBN 2-89619-062-7 2006/280 p.

L'hydrocéphalie : grandir et vivre avec une dérivation
Nathalie Boëls
ISBN 2-89619-051-1 2006/112 p.

J'ai mal à l'école
Troubles affectifs et difficultés scolaires
Marie-Claude Béliveau
ISBN 2-922770-46-X 2002/168 p.

Jouer à bien manger
Nourrir mon enfant de 1 à 2 ans
Danielle Regimbald, Linda Benabdesselam, Stéphanie Benoît et Micheline Poliquin
ISBN 2-89619-054-6 2006/160 p.

Jumeaux : mission possible !
Gisèle Séguin
ISBN 978-2-89619-156-7 2009/288 p.

Les maladies neuromusculaires chez l'enfant et l'adolescent
Sous la direction de Michel Vanasse, Hélène Paré, Yves Brousseau et Sylvie D'Arcy
ISBN 2-922770-88-5 2004/376 p.

Mon cerveau ne m'écoute pas
Comprendre et aider l'enfant dyspraxique
Sylvie Breton et France Léger
ISBN 978-2-89619-081-2 2007/192 p.

La motivation à l'école, un passeport pour l'avenir
Germain Duclos
ISBN 978-2-89619-235-9 2010/160 p.

Musique, musicothérapie et développement de l'enfant
Guylaine Vaillancourt
ISBN 2-89619-031-7 2005/184 p.

Le nanisme
Se faire une place au soleil dans un monde de grands
Nathalie Boëls
ISBN 978-2-89619-138-3 2008/184 p.

Parents d'ados
De la tolérance nécessaire à la nécessité d'intervenir
Céline Boisvert
ISBN 2-922770-69-9 2003/216 p.

Les parents se séparent...
Pour mieux vivre la crise et aider son enfant
Richard Cloutier, Lorraine Filion et Harry Timmermans
ISBN 2-922770-12-5 2001/164 p.

Pour parents débordés et en manque d'énergie
Francine Ferland
ISBN 2-89619-051-1 2006/136 p.

Prévenir l'obésité chez les enfants
Une question d'équilibre
Renée Cyr
ISBN 978-2-89619-147-5 2009/144 p.

Raconte-moi une histoire
Pourquoi ? Laquelle ? Comment ?
Francine Ferland
ISBN 2-89619-116-1 2008/168 p.

Responsabiliser son enfant
Germain Duclos et Martin Duclos
ISBN 2-89619-00-3 2005/200 p.

Santé mentale et psychiatrie pour enfants
Des professionnels se présentent
Bernadette Côté et autres
ISBN 2-89619-022-8 2005/128 p.

La scoliose
Se préparer à la chirurgie
Julie Joncas et collaborateurs
ISBN 2-921858-85-1 2000/96 p.

Le séjour de mon enfant à l'hôpital
Isabelle Amyot, Anne-Claude Bernard-Bonnin, Isabelle Papineau
ISBN 2-922770-84-2 2004/120 p.

La sexualité de l'enfant expliquée aux parents
Frédérique Saint-Pierre et Marie-France Viau
ISBN 2-89619-069-4 2006/208 p.

Tempête dans la famille
Les enfants et la violence conjugale
2e édition
Isabelle Côté, Louis-François Dallaire et Jean-François Vézina
ISBN 978-2-89619-428-5 2011/206 p.

Le trouble de déficit de l'attention
avec ou sans hyperactivité
Stacey Bélanger, Michel Vanasse et coll.
ISBN 978-2-89619-136-9 2008/240 p.

Les troubles anxieux expliqués aux parents
Chantal Baron
ISBN 2-922770-25-7 2001/88 p.

Les troubles d'apprentissage :
comprendre et intervenir
Denise Destrempes-Marquez et Louise Lafleur
ISBN 2-921858-66-5 1999/128 p.

Votre enfant et les médicaments :
informations et conseils
Catherine Dehaut, Annie Lavoie, Denis Lebel, Hélène Roy
et Roxane Therrien
ISBN 2-89619-017-1 2005/332 p.